CÓMO (NO) LEER LA BIBLIA

SANTA BIBLIA

DAN KIMBALL
con SAMUEL PAGÁN

CÓMO NO LEER LA BIBLIA
e625 - 2023
Dallas, Texas
e625 ©2023 por **Dan Kimball** con **Samuel Pagán**

Todas las citas bíblicas son de la Nueva Biblia Viva (NBV) a menos que se indique
lo contrario. Usado con permiso. Reservados todos los derechos.

Traducción y Edición: **Stefany Bremer**

Diseño de portada e interior: **JuanShimabukuroDesign** @juanshima

RESERVADOS TODOS LOS DERECHOS.

ISBN: 978-1-954149-36-6

IMPRESO EN ESTADOS UNIDOS

CONTENIDO

Reconocimientos **9**

Prólogo por Lucas Leys **11**

Preludio: ¿Volverse ateo al leer la Biblia? **13**

PARTE 1: Si lees un versículo bíblico tendrás
que creer en unicornios mágicos

1. Sí, hay unicornios en la Biblia **25**

2. La Biblia no fue escrita a nosotros **33**

3. Nunca leas un versículo bíblico **47**

PARTE 2: Cosas extrañas: camarón, esclavitud,
y la piel de un cerdo muerto

4. Cosas extrañas y más extrañas en el Antiguo Testamento **71**

5. El arte de (no) escoger (solo algunos) versículos bíblicos **79**

6. Entendiendo lo del camarón, la piel de un cerdo muerto
y la esclavitud **91**

PARTE 3: ¿La Biblia es antimujeres y promueve la misoginia?

7. La Biblia para el club de hombres **113**

8. No puedes mantener a una buena mujer abajo **119**

9. Entendiendo la desigualdad en la Biblia **139**

PARTE 4: ¿Tenemos que escoger entre la ciencia y la Biblia?

10. Jesús montado sobre un dinosaurio **159**

11. En el principio entendimos mal **163**

12. Entendiendo el conflicto entre la Biblia y la ciencia **183**

PARTE 5: ¿El cristianismo afirma que todas las demás
religiones están mal?

13. Mi Dios puede vencer a tu dios **211**

14. El amor es el camino, la verdad y la vida **215**

15. Entendiendo al Jesús que suena intolerante **229**

PARTE 6: El horror de la violencia del Antiguo Testamento

16. La Biblia no apta para menores **245**

17. El Dios de la compasión, lento para la ira y perdonador **251**

18. Entendiendo los textos de terror **261**

EPÍLOGO

Jesús amó su Biblia loca (y por qué confiar
en ella no es tan loco)... **279**

NOTAS... **285**

RECONOCIMIENTOS

La mayoría de nosotros, que pastoreamos o escribimos, dependemos de académicos *confiables* (palabra muy importante aquí) que han dedicado sus vidas al estudio intenso, al aprendizaje constante y al uso de los idiomas bíblicos (mucho después que la mayoría de nosotros, que tenemos títulos de seminario, apenas si podemos recordar el alfabeto hebreo o griego). Estos individuos se dedican fielmente al estudio profundo para que podamos beneficiarnos de su trabajo y este libro no se podría haber escrito sin el aporte de tantos de ellos.

Este es un libro de teología práctica basado en el trabajo de académicos y apologistas, muchos de los cuales ahora se han convertido en buenos amigos, ya que los he molestado con mis preguntas. Quiero agradecer a Scott McKnight (mi gurú del Nuevo Testamento), Tim Mackie, Gerry Breshears, John Walton, Paul Copan, Sean McDowell, Josh McDowell, Lee Strobel, Greg Koukl, Michael Heiser, Dan Wallace, Stan Gundry, Tremper Longman, Darrell Bock, Craig Keener, Craig Blomberg, Chuck Conniry y muchos otros que me han influido de diferentes maneras. Me han ayudado a comprender la profundidad de las Escrituras, lo que me ayuda a comprender mejor a Dios. Si bien el Espíritu Santo es nuestro principal guía y maestro, estoy agradecido de que el Espíritu utilice a estos académicos y teólogos bíblicos a través de su dedicación a la verdad y a compartir sus aprendizajes y puntos de vista. Estos se reflejan a lo largo de este libro. No podría haberlo escrito sin ellos.

También reconozco mi agradecimiento por Michael Shermer, Richard Dawkins, Sam Harris y los nuevos ateos junto con todos aquellos que desafían al cristianismo. He tratado de abordar muchos de sus desafíos en este libro. Nunca queremos ser de mente cerrada o tener miedo de leer críticas o burlas del cristianismo histórico.

Aprecio sus críticas porque me obligan a hacer una pausa, pensar y volver a examinar las Escrituras para poder dar "explicaciones sobre la esperanza que tenemos".

También reconozco y agradezco enormemente a John Raymond, Ryan Pazdur y Brian Phipps. Quiero agradecer a Jay Kim e Isaac Serrano, mis amigos pastores de pensamiento teológico y colíderes del Proyecto ReGeneración. Estoy agradecido por el Seminario Western, donde sirvo en la facultad, y por su creencia en la importancia de la teología para las nuevas generaciones. Agradezco a la iglesia Vintage Faith por ser una iglesia que desea el pensamiento teológico y por el ánimo para escribir este libro.

Y por último, agradezco a Becky, Katie y Claire: el libro finalmente está terminado.

Soy Samuel Pagán y en estos espacios iré sumando mis comentarios. Le agradezco a Dan Kimball la escritura de este importante libro, porque me ha permitido revisar porciones bíblicas que he traducido y estudiado en varias ocasiones (y sobre las cuales he escrito) a la luz de este nuevo esfuerzo literario, educativo y teológico. Me alegra poder leer y comprender la Biblia desde una perspectiva que rechaza el cautiverio y los prejuicios que hieren la imagen de Dios que hay en las personas.

Y gracias, Lucas, por invitarme a ser parte de este singular e importante proyecto.

PRÓLOGO

Este libro es urgente. Por demasiados años se ha insistido en la importancia de leer la Biblia sin enseñar a comprenderla. Leer la Biblia no debe hacerse como quien lee un libro de conjuros mágicos o un horóscopo. No son las letras o palabras en el idioma que las leamos las que tienen poder, sino su significado.

Como bien escribe Dan, la Biblia es una colección de escritos de distintos géneros literarios que fueron redactados en contextos históricos completamente diferentes unos de otros, los cuáles no podemos ignorar para comprender su significado original e interpretarlos correctamente desde nuestros contextos, y por eso este libro es tan necesario.

Me gusta Dan porque, además de ser un pastor amoroso con personas de todo tipo, es un investigador deseoso de vaciarse de prejuicios heredados que quiere ver el texto bíblico con ojos frescos y haciendo la tarea de preguntarse qué quiso decir el texto originalmente, más allá de sus implicancias contemporáneas.

Lo que Dan describe en este libro son sus hallazgos y perspectivas y cada lector deberá contrastarlas con otras perspectivas y sacar sus propias conclusiones. Desde la editorial no publicamos este libro con la idea de que cada idea en él vertida es un dictado del cielo para este tiempo, pero sí consideramos que es crucial que consideres estas perspectivas para enriquecer tu comprensión del texto sagrado. Es por eso que invitamos al genial Samuel Pagán a compartir sus puntos de vista informados y formados en la traducción bíblica en la que ha trabajado por tantos años, para que vaya acompañando lo escrito por Dan.

Gracias a Dan Kimball y Samuel Pagán por su aporte a la reflexión y comprensión bíblica y gracias a Dios de que este libro está en tus manos.

Dr. Lucas Leys
Fundador de e625.com

PRELUDIO

¿VOLVERSE ATEO AL LEER LA BIBLIA?

Leer la Biblia es la vía rápida al ateísmo.

-Penn Jillette

Sobre mi escritorio tengo un correo electrónico impreso de un estudiante universitario. Él creció en una familia cristiana, estuvo activo en su iglesia, pero ya no es cristiano.

El correo explica por qué pasó de ser cristiano, líder de ministerio de campus, a volverse ateo.

El estudiante no estaba desilusionado con la iglesia. No había dejado la fe por predicaciones aburridas o por música de adoración irrelevante.

Se fue porque se tomó el tiempo de leer la Biblia.

Sí, leer la Biblia lo llevó a convertirse en ateo.

Antes de irse a la universidad, este estudiante iba regularmente a la iglesia y escuchaba sermones cada semana. Fue a estudios bíblicos por muchos años. Conocía todas las historias bíblicas populares: Daniel en el foso de los leones, David y Goliat, entre otras. Él amaba las enseñanzas de Jesús en el sermón del monte, donde habla acerca de no juzgar a otros, dar a los necesitados y amar a tus enemigos.

En la universidad empezó a leer partes de la Biblia que nunca había leído antes, historias que no recordaba que se hubieran predicado en la iglesia. Entre más leía, más preguntas y objeciones tenía. Él era muy inteligente, amigable y hablaba positivamente de su experiencia en la iglesia. Me dijo que en un grupo de la universidad, escogieron estudiar el libro de Éxodo, del Antiguo Testamento. Pero al leer se dio cuenta de cosas que nunca había visto antes, cosas que lo espantaron. Se topó con versículos que sonaban a locura, y al leerlos se conmovieron los fundamentos de su fe.

¿POR QUÉ ESTÁ BIEN QUE DIOS MATE A NIÑOS COMO LO HIZO EL REY HERODES?

En un correo a su líder de ministerio, este estudiante mandó una lista de versículos como Éxodo 4:21–23, que cuentan la historia de la última plaga que Dios trajo a Egipto. Dios instruyó a Moisés decirle al faraón "…yo te he ordenado que lo dejes salir… pero te has negado. Por lo tanto, mataré a tu primogénito". Y Éxodo 12:29–30 donde Dios cumplió con esa amenaza: "A medianoche, el Señor dio muerte a los primogénitos de Egipto… El faraón, sus funcionarios y todo el pueblo de Egipto se levantaron en la noche. Y hubo amargo llanto en todo Egipto, porque no había casa donde no hubiera un muerto".

Después de leer esto escribió: "Estaba devastado de pensar que un Dios amoroso pudiera predeterminar la muerte de tantos inocentes". Cuando nos conocimos, me dijo que es irónico que los cristianos recuerden con horror y enojo la historia del rey Herodes en el Nuevo Testamento, cuando mata a todos los niños de dos años y menores que vivían en Belén en el tiempo del nacimiento de Jesús, pero que nunca oyes a los cristianos quejarse de esta historia del Éxodo. ¿Por qué está bien que Dios haga lo mismo que el rey Herodes pero con niños e infantes egipcios? ¿Por qué es malvado cuando Herodes lo hace, y aceptable cuando lo hace Dios?

ESCLAVITUD Y ROPA INTERIOR MÁGICA

Al continuar leyendo Éxodo, encontró otros versículos perturbadores. Mencionó Éxodo 21:20–21 que dice, "Si un hombre golpea a su esclavo y le da muerte, debe ser castigado. Sin embargo, si el esclavo no muere en un par de días, el ofensor no será castigado, porque el esclavo es propiedad suya". Y en Éxodo 21:7 dice que un padre puede vender a su hija. Se enojó al leer que Dios parece considerar a un ser humano la propiedad de alguien, y parece estar perfectamente bien que esta propiedad sea golpeada y vendida.

Él mencionó encontrar otras cosas extrañas, como la vestimenta en Éxodo 28:42-43. En este pasaje los sacerdotes están ordenados a portar algo que suena como "ropa interior mágica" cuando se acercan al altar en el Lugar Santo para adorar a Dios. Si un sacerdote no usaba esto moriría. Entendiblemente, se preguntó, "¿Por qué no sabía que la Biblia apoya la esclavitud e instruye a usar ropa interior mágica?".

¿POR QUÉ A DIOS NO LE AGRADAN LAS MUJERES?

Entre más buscaba respuestas online, más cosas perturbadoras encontraba acerca de la Biblia. Descubrió páginas de internet dedicadas a exponer todos los versículos perturbadores de la Biblia. Y no solo en el Antiguo Testamento; había varios pasajes similares en el Nuevo Testamento. Mencionó 1 Timoteo 2:11–12, donde dice: "La mujer debe aprender en silencio y humildad. No permito que la mujer enseñe a los hombres ni que ejerza sobre ellos dominio. Más bien, debe guardar silencio". Otro versículo, 1 Corintios 14:34–35 dice: "Las mujeres deben guardar silencio en las iglesias, pues no les está permitido hablar. Deben estar sumisas, como lo declaran las Escrituras. Si desean preguntar algo, pregúntenselo al esposo cuando lleguen a la casa, porque no es correcto que las mujeres hablen en la iglesia". Estos versículos implican que Dios apoya la opresión de las mujeres y la superioridad de los hombres. ¿Acaso Dios está animando a la desigualdad de género, el machismo, la discriminación y la opresión de las mujeres?

CONECTANDO CON EXCRISTIANOS Y LOS QUE ESTÁN DECONSTRUYENDO

Buscando en internet, no solo encontró a otras personas haciendo preguntas acerca de estos versículos bíblicos perturbadores, sino que descubrió a otros que habían dejado la fe. Muchos habían sido criados en la iglesia, pero después de estudiar sus Biblias, descubrieron cosas que nunca se les había enseñado.

Encontrar esta comunidad contribuyó a su creciente pérdida de confianza en la fe cristiana. Él ya no podía creer en la salvación a través de Jesús, porque el Jesús que había conocido estaba en una Biblia en la que ya no confiaba. Leer la Biblia lo hizo dejar el cristianismo.

NO SOLO SON LOS CRISTIANOS LOS QUE NOTAN ESTO

El problema va mucho más allá de cristianos dejando la fe en la cual fueron criados. La Biblia es una piedra de tropiezo para muchos no cristianos. Los versículos extraños y perturbadores que leen no los dejan tomar la Biblia en serio. Un domingo en la mañana, después de enseñar en nuestra iglesia, una joven me dijo que estaba explorando el cristianismo y que decidió leer la Biblia, pero al leer Génesis empezó a desanimarse.

Me dijo que la Biblia parecía sugerir que la Tierra fue hecha en seis días. Aprendió en clases de ciencias que el universo tiene miles de millones de años de antigüedad. Luego leyó acerca de una "serpiente parlante". Estaba sorprendida, pensando que esta era una historia ficticia, algo como *El Libro de la Selva*. Después leyó acerca de personas viviendo más de novecientos años, de animales que siguieron a Noé a un barco, y que luego Dios mató a miles y miles de personas en un diluvio destructivo, incluyendo niños. Leyó acerca de la esposa de Abraham diciéndole que tuviera una relación extramatrimonial para que pudieran tener un bebé. Leyó acerca de una mujer que se convirtió en una estatua de sal, y acerca de Dios diciéndole a Abraham que matara a su hijo más joven como sacrificio.[1] Finalmente, dejó de leer la Biblia por miedo a lo que podría encontrar en sus páginas.

En las enseñanzas de la iglesia, ella había oído hablar acerca de la gracia y el perdón, y fue atraída a Jesús por lo que había escuchado acerca de él. Pero no sabía que todas estas ideas perturbadoras y locas estaban en la Biblia cristiana. Se preguntó si el cristianismo no era una secta, porque no podía entender cómo gente pensante creía que estas cosas eran verdad. ¿Cómo podían tomarse todo eso en serio? El interés de esta joven en explorar la fe en Jesús se frenó después de que leyó la Biblia.

Muchas personas nunca leerán la Biblia como lo hizo esta joven; solo leerán memes en línea con versículos acerca de la esclavitud, mujeres siendo silenciadas y víboras que hablan.

---

1. Génesis 1; 3:1; 5; 7–8; 16:1–4; 19:26; 22:2.

DEDOS ENSANGRENTADOS, UN NIÑO MUERTO QUE ESTORNUDA Y LOS MAPAS DE BATALLAS DEL FINAL DE LOS TIEMPOS

Asumo que estás leyendo este libro porque tienes preguntas acerca de algunas de las cosas extrañas que has leído en la Biblia. Puede que seas cristiano, pero estos versículos e historias a las cuales no les habías puesto atención te están incomodando. Puede que te preguntes: "¿Cómo es que gente pensante cree las cosas extrañas y perturbadoras que se encuentran en la Biblia?".

Puede que estés leyendo esto porque conoces a alguien que está dudando e incluso deconstruyendo su fe, y quieres tener entendimiento o una manera de responder.

Tal vez no eres cristiano, pero estás empezando a explorar las enseñanzas de Jesús y lo que la Biblia dice. Puede que te estés preguntando si la Biblia es creíble o si la fe cristiana está construida sobre hechos históricos o míticos.

Cuando empecé a leer la Biblia por primera vez siendo adolescente, me parecía que sonaba a una obra de ficción. Era un libro lleno de batallas épicas y ángeles; eran historias de demonios e incluso había un dragón rojo.[2]

En la universidad, cuando la estudié seriamente, estaba perturbado por las cosas extrañas que encontré, como la serpiente y la burra que hablan.[3] Estaba considerando seriamente los estatutos de la fe cristiana. Pero encontrar en la Biblia cosas como rituales de adoración que involucraban matar animales me hizo cuestionarme si el cristianismo era para mí. Hay una historia increíblemente extraña de un

---

2.   2 Samuel 11:1–11; 2 Samuel 10:10–19; Isaías 37:36; Apocalipsis 16:12–16; 12:3.

3.   Números 22:28.

niño que se murió y luego un profeta se acostó sobre su cuerpo, se estiró sobre él y el cuerpo del niño muerto de repente estornudó siete veces y volvió a la vida. Estaba sorprendido por toda la violencia que había. Incluso Jesús, a quien yo me imaginaba como Gandhi, amante de la paz, aparecía en ocasiones como guerrero en batallas militares del final de los tiempos.

Si la Biblia era el fundamento del cristianismo, un texto santo para los cristianos, yo tenía que entender estos pasajes. Mis amigos estaban preocupados de que abandonara mi inteligencia y sentido común y escogiera creer en fábulas y mitos. Irónicamente, mis amigos querían protegerme de leer la Biblia porque tenían miedo de que esta me cambiaría de maneras negativas.[a]

SÍ, HAY VERSÍCULOS BÍBLICOS CONFUSOS Y PERTURBADORES, ¡PERO HAY EXPLICACIONES!

Si te preguntas acerca de la validez de lo que la Biblia enseña, puedo entender lo que sientes y piensas.

Los cristianos ven a la Biblia como un libro sagrado, pero hay otros libros sagrados religiosos en el mundo. ¿Cómo sabemos que la Biblia es *la* revelación de Dios? Las personas buenas y sinceras todo el tiempo creen en cosas que no son verdad. ¿Quién dice que la Biblia y sus enseñanzas tienen sentido para nosotros hoy?

No podemos ignorar estas preguntas. Debes saber algo: no estaría escribiendo este libro si no hubiera explicaciones para estos versículos bíblicos. Si no existieran respuestas razonables, probablemente me hubiera vuelto un agnóstico y no tomaría la Biblia como la palabra inspirada de Dios. Tuve que luchar con preguntas como estas y estudiar para encontrar la verdad. No quería seguir a una secta o tener una fe no pensante. Quería seguir tras la verdad.

Esta es una fe digna de confianza. Podemos creer de una manera inteligente y con fe que las Escrituras son de Dios. Nunca estoy cerrado a aprender nueva información, y siempre estoy buscando las críticas recientes del cristianismo y de la Biblia. Ningún cristiano debería tener miedo o ignorar las preguntas difíciles.

LA CLAVE: APRENDER CÓMO (NO) LEER LA BIBLIA

La buena noticia es que hay respuestas a estos versículos bíblicos extraños y a esas preguntas difíciles. Puedes ser un cristiano pensante y creer en la validez e inspiración de la Biblia. Sí, hay versículos difíciles de comprender. Sin embargo, cuando aplicamos ciertos métodos de estudio y examinamos los versículos en sus contextos, puede cambiar cómo vemos y leemos la Biblia.

La mayor parte de los versículos bíblicos perturbadores que vemos en memes son leídos incorrectamente.

La clave para entender estos pasajes locos y perturbadores es entender cómo *no* leer la Biblia.

Primero, aprenderemos qué hacer cuando nos topamos con un pasaje bíblico que suena a locura. Empezaremos con algunos principios que debemos utilizar cuando abrimos una Biblia o leemos cualquier versículo, y esto cambiará drásticamente cómo entendemos ese pasaje de la Biblia.

Segundo, veremos varios pasajes de la Biblia que comúnmente reciben objeción. Estos son los temas que generalmente se discuten:

1. **La Biblia anticiencia**. Nos enfocaremos en la historia de la creación del Génesis, que es una de las secciones que comúnmente es objeto de burla en la Biblia. ¿La Biblia nos enseña que la Tierra solo tiene diez mil años? ¿Solo podemos creer

que Dios creó todo en seis días de veinticuatro horas? ¿La Biblia nos enseña que la evolución es falsa y que tenemos que rechazar la Teoría de la Evolución? ¿Realmente hay una víbora que habla en la Biblia?

2. **La Biblia a favor de la violencia.** ¿Cómo adoramos y amamos a un Dios que mata a miles y miles de personas, incluyendo niños? Si Dios es amoroso, ¿cómo puede ser verdad la Biblia con sus historias de violencia? ¿El Dios del Antiguo Testamento es un Dios diferente a Jesús?

3. **La Biblia antimujeres.** En el Antiguo y Nuevo Testamento de la Biblia hay versículos que les dicen a las mujeres que se sometan a los hombres, estén en silencio y no enseñen. Vemos historias de hombres teniendo múltiples esposas e incluso intercambiando a las mujeres como si fueran una mera propiedad. ¿Está la Biblia promoviendo la misoginia y el machismo?

4. **La Biblia a favor de la esclavitud, anticamarón y con mandamientos extraños.** Hay mandamientos sobre qué tipo de ropa usar, de que no hay que comer camarones, y rituales acerca de poner sangre en los dedos gordos del pie y de la mano como parte de la adoración. Hay versículos que parecen sugerir que la esclavitud está bien. ¿Eso significa que la Biblia es un libro primitivo que hoy no debería ser tomado en serio?

5. **La Biblia intolerante con un-solo-camino-a-Dios.** La Biblia declara que solo hay un camino a Dios. El mundo tiene más de siete mil millones de personas y hay más de cuatro mil religiones, pero vemos en la Biblia declaraciones de que Dios es la única verdad, implicando esto que todas las otras religiones y textos sagrados están mal. ¿No es esto una declaración arrogante, opresiva e irrelevante para hoy?

Aunque hay *muchos más* temas, y versículos muy extraños y confusos en la Biblia que cubrir, vamos a empezar con estos cinco. Veremos las respuestas a estos temas y cómo obtenerlas. De esa manera, cuando haya otras preguntas difíciles y versículos locos, tendrás los métodos básicos para tratarlos de responder.

Es verdad, la Biblia contiene versículos que nos llaman la atención, generalmente en el Antiguo Testamento, pues no representan los valores y las enseñanzas que se desprenden del mensaje liberador de Jesús de Nazaret. Esas porciones deben estudiarse a la luz de las comprensiones de la cultura hebraica antigua, la intensión educativa del pasaje y las afirmaciones teológicas que presupone. Cada libro de la Biblia proviene de un entorno histórico, geográfico, cultural y lingüístico definido, que requiere que los lectores evalúen con detenimiento esos contextos antes de comprender bien el mensaje bíblico.

PARTE 1

SI LEES UN VERSÍCULO BÍBLICO TENDRÁS QUE CREER EN UNICORNIOS MÁGICOS

CAPÍTULO 1

SÍ, HAY UNICORNIOS EN LA BIBLIA

Dios los ha sacado de Egipto; tiene fuerzas como de unicornio.

-Números 23:22 (RVA)

Y con ellos vendrán abajo unicornios, y toros con becerros; y su tierra se embriagará de sangre, y su polvo se engrasará de grosura.

-Isaías 34:7 (RVA)

Daniel ha sido mi barbero por un par de años y hemos tenido muchas grandes conversaciones. Él tiene 30 años de edad, y es muy brillante. Un día me preguntó: "¿Tú crees en los unicornios?". Daniel sabe que soy cristiano y es muy abierto conmigo acerca de las razones por las cuales él no lo es. Hablamos acerca de teología, y hace muy buenas preguntas. Pero nunca antes habíamos tratado el tema de los unicornios.

Daniel había visto unos memes en línea con citas bíblicas sugiriendo que los unicornios existen. Pensó que era muy extraño que los cristianos creyeran en unicornios y quería saber si yo creía en eso. Los unicornios son unos míticos caballos con un solo cuerno y poderes mágicos que viven en los bosques. Yo nunca había escuchado una declaración acerca de que los unicornios estuvieran en la Biblia, pero después de mi corte de cabello hice una búsqueda en línea y vi lo que los memes decían. Un meme decía, "REALIDAD: los unicornios existían en la Biblia". Y tenía una imagen de un unicornio con una frase de Isaías 34:7 (RVA) que dice: "Y con ellos vendrán abajo unicornios…".

LA MANERA EN QUE SE MUESTRA A LA BIBLIA HACE QUE EL CRISTIANISMO PAREZCA PRIMITIVO, NO INTELIGENTE.

Indagando más en profundidad, encontré discusiones en línea con personas haciendo bromas acerca de esto y preguntándose por qué ya no hay unicornios si se mencionan en la Biblia.

Estas críticas implicaban que si uno realmente conociera lo que está escrito en la Biblia no podría tomarla en serio. Y si lo haces, debes ser un ignorante, por confiar en un libro que enseña acerca de criaturas míticas. Mi barbero vio los versículos bíblicos sugiriendo que los unicornios existieron en algún punto y eso le hizo hacerse preguntas serias. Esto no era un intento de burlarse del cristianismo o de la Biblia. Él vio la Biblia siendo citada en una manera que parecía ridícula e increíble. ¿Cómo respondemos a retos como este?

Las traducciones en español más importantes y usadas, como la Reina Valera 1960 y la Nueva Versión Internacional (NVI), no incluyen en sus textos ninguna referencia a unicornios, sino a búfalos. Es muy importante, para estudiar con propiedad la Biblia, si no conocemos los idiomas originales de hebreo, arameo y griego, que consultemos a más de una versión, para identificar las diversas posibilidades de traducción de algunas palabras o frases complicadas en los textos originales.

TENEMOS MÁS QUE SOLO UN PROBLEMA CON LOS UNICORNIOS:

LA BIBLIA ES USADA PARA DESACREDITAR LA BIBLIA

Los memes con versículos bíblicos están siendo usados para argumentar acerca de la Biblia en entrevistas de televisión y en discusiones de canales de YouTube. El objetivo es desacreditar a la Biblia. Muchos cristianos crecieron en familias cristianas, fueron a la iglesia, oyeron sermones, leyeron partes de la Biblia e incluso memorizaron algunos versículos, pero solamente aquellas secciones positivas que contienen mensajes de ánimo. Cuando estos cristianos encuentran versículos bíblicos perturbadores puede ser algo alarmante, impresionante e incluso vergonzoso para ellos.

Hay memes de David matando a doscientos hombres y presentando sus prepucios a su suegro como una dote para su novia, con el título "Sí, esto está en la Biblia".

Existen muchos otros ejemplos, incluyendo imágenes de mujeres con la boca tapada con un versículo bíblico que dice: "Las mujeres deben guardar silencio en las iglesias, pues no les está permitido hablar… Si desean preguntar algo, pregúntenselo al esposo cuando lleguen a la casa, porque no es correcto que las mujeres hablen en la iglesia".[1]

Ver semejante imagen combinada con una frase de la Biblia es algo autocondenador. Estas son palabras de la Biblia. ¿Cómo puedes argumentar contra eso? La Biblia suena extremadamente degradante para las mujeres.

---

1. 1 Corintios 14:34–35.

El estudio y la comprensión del mensaje de la Biblia deben tomar seriamente en consideración cómo los diversos temas se presentan en más de una porción o libro de las Escrituras. De esa manera podemos tener una comprensión más amplia del tema expuesto, como las guerras antiguas y la presentación de los triunfos militares, y el papel de la mujer en esas sociedades.

EL "BUEN LIBRO" ES AHORA VISTO COMO EL "LIBRO MALVADO"

Hay memes que usan versículos bíblicos para decir que personas que se consideran religiosas no leen la Biblia. No es difícil encontrar versículos bíblicos que parecen apoyar la violencia, incluso contra bebés y niños pequeños. Usan Salmos 137:9 que dice "¡Dichoso el que tome a tus niños y los estrelle contra las rocas!" Y sugieren que la Biblia aconseja a la gente cómo matar a los bebés estrellándolos contra las rocas. Si estás interesado en cómo responder a estas preguntas, hablaremos acerca del tema de violencia en la Biblia en la Parte 6, "El horror de la violencia del Antiguo Testamento". Si una persona está batallando con su fe y encuentra estos pasajes bíblicos que suenan perturbadores y empieza a investigarlos, encontrará páginas de internet dedicadas a enseñar los versículos bíblicos que aparentan estar a favor de la violencia, la esclavitud y que son antimujeres. Versículos bíblicos que están siendo usados para tachar a la Biblia de malévola.

Se está volviendo algo muy común el ver a personas usar versículos bíblicos para demostrar que la Biblia suena extraño, a locura, y que es primitiva.

Que la Biblia aluda a algunas prácticas antiguas de violencia, no indica que las apruebe ni mucho menos que sean aceptables en la sociedad contemporánea. Solo utiliza esas imágenes para articular algún tema o presentar algún episodio en la vida del pueblo hebreo. La referencia a "estrellar los niños contra las rocas" es una expresión hiperbólica, que destaca la frustración y las angustias que vivían los israelitas en el exilio en Babilonia.

YO TAMBIÉN HUIRÍA DE LA BIBLIA SI VIERA SOLO ESTOS VERSÍCULOS

Meme tras meme, broma tras broma, vemos uno o varios versículos escritos para mostrar que la Biblia es extraña y rara, hasta malvada y dañina, y para desacreditar a cualquiera que la tome seriamente. Si yo estuviera leyendo estos versículos por primera vez, viéndolos aisladamente, también me sentiría así. La manera en que se muestra a la Biblia hace que el cristianismo parezca primitivo, no inteligente; incluso como una religión sádica. Un comentador de blog dijo: "La Biblia contiene puras tonterías, animales que hablan teniendo conversaciones (burras y víboras), inundaciones a nivel mundial, nacimientos virginales, el Sol deteniéndose en el cielo, etc.".

ESTOS VERSÍCULOS SON CONFUSOS PORQUE TENEMOS QUE APRENDER CÓMO (NO) LEER LA BIBLIA

Aquí está la buena noticia. Hay maneras de entender mejor estos versículos bíblicos que suenan locos. Debemos aprender cómo y cómo *no* leer la Biblia. La mayoría de los ejemplos que hemos visto hasta el momento son el resultado de personas que *no* están leyendo la Biblia correctamente. Si estás dispuesto a ir más allá de la lectura literal y fuera de contexto de un versículo, descubrirás que la Biblia no es "una tontería". Hay muchas cosas extrañas en ella, pero cuando estudiamos lo que realmente dice, la Biblia es un libro increíble que cambia vidas, y que fue escrito por gente dirigida por Dios a través del Espíritu de Dios. Al poner mayor atención a estos y otros pasajes bíblicos, mi esperanza es que tus preguntas y preocupaciones serán respondidas y que conocerás mejor al autor de la Biblia.

La Biblia es un documento antiguo que contiene las reflexiones de diversos escritores en torno a cómo el Dios único y eterno ha intervenido en medio de la historia de la humanidad con un propósito liberador. Y en ese proceso, utiliza los recursos literarios y retóricos disponibles, para comunicar el mensaje redentor para las personas, independientemente del período histórico, la nación en que vivan, la cultura a la que pertenezcan y el idioma que hablen.

¿REALMENTE HAY UNICORNIOS EN LA BIBLIA?

Regresemos a la pregunta de los unicornios. ¿Realmente son mencionados en la Biblia? La mayoría de los cristianos que leen la Biblia hoy jamás verán la palabra "unicornio". Las traducciones contemporáneas usan el término más apropiado "búfalo". Sin embargo, todavía puedes encontrar la palabra "unicornio" en una versión como la Biblia Reina Valera Antigua. Esta traducción utilizó el mejor griego y hebreo disponible en ese tiempo, lenguas en las que la Biblia está escrita originalmente, además de otras traducciones bíblicas. Cuando lees las traducciones de ese tiempo vas a encontrar palabras con las que no estamos muy familiarizados hoy (salvo en España), como "vosotros" y "vuestro", las cuales eran palabras comunes en su tiempo. Hoy usamos "tú", "él" y "ella" y "tuyo" y "suyo". Las traducciones contemporáneas de la Biblia usan palabras que tienen sentido para los lectores actuales.

La palabra traducida a "unicornio" viene del hebreo *re'em*. Esta palabra se refiere a un animal que la audiencia original de la Biblia habría conocido bien. Los académicos que estudian el lenguaje hebreo y su uso en esos tiempos nos dicen que es posible que se refiriera a un animal de gran fuerza que tenía un cuerno prominente.

Los traductores no escogieron esta palabra para que representara al caballo mítico y mágico de un cuerno en el que pensamos hoy, sino un animal de un cuerno. Los escritores originales de la Biblia estarían familiarizados con el ahora extinto búfalo, grande y poderoso, que los asirios llamaban "rimú". Hoy sabemos que ese animal extremadamente grande existió, un toro llamado *Elasmotherium sibiricum*.

La palabra hebrea *re'em* se refiere a un animal de fuerza similar a un toro, con un solo cuerno prominente. Esta es la razón por la que los académicos de hoy en día traducen la palabra hebrea *re'em* a búfalo. Hoy en día, la palabra "unicornio" se refiere a un caballo mítico de un cuerno, pero cuando la Biblia estaba siendo escrita nadie hubiera pensado en eso.

Así que, ¿había unicornios en la Biblia? La respuesta es sí, había animales de un cuerno, una variedad de búfalo, pero no los caballos blancos mágicos mitológicos con un cuerno en los que pensamos hoy.

Esto importa porque hay memes, gráficos e historias en las discusiones en línea que convencen a las personas de que la Biblia está llena de tonterías. Estas imágenes y versículos se usan para argumentar que la Biblia es una locura y que cualquiera que cree en ella está loco. Esto puede sonar convincente, pero después de estudiar el uso original de una palabra en la Biblia, el contexto y cómo surgió la traducción al español es fácil ver que la Biblia no nos enseña que los unicornios míticos existieron.

Este detalle de las traducciones de la Biblia es significativo, ya que constituye la razón fundamental para que recomendemos traducciones contemporáneas de las Escrituras. De esa forma tenemos en el texto que utilizamos el resultado de los estudios exegéticos y los descubrimientos arqueológicos más recientes e importantes.

ANTES DE QUE ENTREMOS A LOS PASAJES EXTRAÑOS Y RAROS

Por esto, el estudio de la Biblia es importante hoy. Hay retos hechos a la Biblia, acusaciones locas e inusuales que se hacen, y la mayoría de los cristianos nunca han tenido que pensar acerca de estos desafíos antes. Estos toman a mucha gente por sorpresa, especialmente si no han leído o estudiado la Biblia. En este libro quiero enseñarte cómo leer, interpretar y entender la Biblia con precisión. Veremos también la formación de la Biblia, porque para entender lo que significan los versículos bíblicos necesitamos entender cómo esos versículos tienen su lugar en la Biblia. Si ignoramos esto será muy fácil creer que los unicornios míticos y mágicos están en la Biblia (junto con las serpientes que hablan), que las iglesias no permiten que las mujeres hablen o hagan preguntas, y muchas otras cosas locas y muy extrañas que suenan raro.

CAPÍTULO 2

LA BIBLIA NO FUE ESCRITA A NOSOTROS

Creemos que la Biblia fue escrita para nosotros, que es para todas las personas en todos los tiempos y lugares porque es la Palabra de Dios. Pero no fue escrita a nosotros. No fue escrita en nuestro lenguaje, no fue escrita con nuestra cultura en mente ni con nuestra cultura a la vista.

-**Dr. John Walton,** profesor, autor [a]

Para entender algunos de los versículos bíblicos que suenan locos, primero tenemos que hacernos una pregunta: ¿qué es la Biblia? La manera en que leemos y estudiamos la Biblia cambia drásticamente dependiendo de cómo la vemos. La razón de toda esta confusión acerca de esos versículos bíblicos es la mala comprensión de lo que la Biblia *realmente es*, y en cómo se diferencia de la mayoría de los libros que leerás.

Estoy escribiendo este libro asumiendo que no todos los que leen la Biblia son cristianos o seguidores de Jesús. Así que no voy a dar respuestas cortas a temas complejos. Incluso si ya conoces la respuesta, espero que esto te muestre *cómo* llegamos a las respuestas que encontramos. Quiero que este libro te haga pensar y crecer, seas cristiano o no.

La verdad es que algunos de los pasajes bíblicos en cuestión no son fáciles de explicar. No siempre hay un significado simple y claro para un texto. He leído libros y estudiado respuestas a algunas de las partes difíciles de la Biblia que son simplistas y a las que les falta una real profundidad. Por lo tanto, antes de comenzar a resolver los versículos individuales, veremos la Biblia en su totalidad. Examinaremos cuatro puntos principales acerca de los métodos de estudio bíblico que usaremos una y otra vez a través del libro:

1. La Biblia es una biblioteca, no un libro.

2. La Biblia está escrita para nosotros, pero no a nosotros.

3. Nunca leas un versículo bíblico aisladamente.

4. Toda la Biblia apunta a Jesús.

A esas cuatro afirmaciones sobre la Biblia debemos añadir la siguiente: lo que tenemos para nuestro estudio son traducciones de textos antiguos que provienen de culturas diferentes. Las diferencias en las traducciones de la Biblia se deben a las variaciones en los manuscritos básicos que se utilizaron, el nivel de lenguaje que se utiliza en la redacción del texto, y las decisiones exegéticas del comité de traducción, entre otros factores.

Pero antes de indagar en estos cuatro puntos, vamos a dar un paso atrás. ¿Por qué llamamos a la Biblia "la Biblia"? Comúnmente encontrarás las palabras "Santa Biblia" impresas en la cubierta, pero ese es solo un nombre dado a un libro impreso. El libro al que llamamos *la Biblia* se empezó a conocer como *la Biblia* en algún punto de la Edad Media, sobre todo con el surgimiento de la imprenta. Llamarle Santa Biblia tiene sentido, ya que la palabra "santa" significa "apartada".

Estos escritos son sagrados, distintos, y separados por Dios porque son de él.[1]

¿Qué significa la palabra "Biblia"? La palabra viene del griego *biblia* que significa "libros".

Si realmente quieres entender lo que es la Biblia, no pienses en un libro. La Biblia es una biblioteca.

1. LA BIBLIA ES UNA BIBLIOTECA, NO UN LIBRO

Aunque la Biblia normalmente viene en forma impresa como un único libro, es una colección de sesenta y seis libros impresos en un volumen; es una biblioteca de libros. Esta biblioteca es diversa, contiene escritos de historia, poesía, profecía y leyes. Fue escrita en tres diferentes idiomas a través de un período de mil quinientos años por un grupo de diferentes personas de diferentes culturas. Algunos libros en esta biblioteca fueron escritos más de mil años antes que otros.

Además de los sesenta y seis libros del canon que se incluyen en las Biblias generalmente usadas en iglesias evangélicas, existen otros libros, conocidos como apócrifos o deuterocanónicos, que son aceptados en otras confesiones cristianas, como son las iglesias católicas, las ortodoxas y sirias.

Cada vez que abro la Biblia, me imagino entrando a una biblioteca, caminando y tomando un rollo antiguo y tabletas (los formatos en los que parte de la Biblia fue escrita) de los estantes, dispuestos en varias secciones, cada una categorizada por género.

---

1. Romanos 1:2; 2 Timoteo 3:15.

Imagina que vas a la sección de poesía. La poesía usa palabras con rimas, para comunicar de una manera que despierte la imaginación y emociones. La poesía normalmente usa palabras coloridas, a veces exageradas, para describir ideas o contar historias. Leerías estos libros de una manera completamente diferente de un libro de la sección de historia. La manera en que un libro de historia está escrito significa que debe ser interpretado y entendido diferente que un poema.

Camina a la sección de leyes de la biblioteca. Aquí encontrarás el grueso de los libros de la ley, que los abogados usan para investigar sus casos, detallando las leyes de diferentes periodos de la historia. Al leer un libro de leyes, pones atención a cuándo fue escrito y dónde, ya que muchas leyes cambian con el tiempo, y puede haber diferentes leyes para diferentes áreas geográficas (países, estados, ciudades, etc.).

> La comprensión adecuada de un pasaje bíblico debe identificar con precisión, si es posible, el género literario del pasaje a estudiar para interpretarlo de manera adecuada. Por ejemplo, la comprensión e interpretación de la poesía, que utiliza un idioma simbólico y figurado, requiere la identificación adecuada y los significados de las imágenes literarias en cada cultura para transmitir las ideas bíblicas correctas.

Esta es nuestra Biblia, una biblioteca de libros escrita en muchos diferentes géneros y en muchos diferentes tiempos históricos. Todo esto impacta grandemente en cómo leemos e interpretamos versículos individuales de la Biblia. Mucho depende de qué libro estemos leyendo. Los libros de la Ley son leídos e interpretados muy diferente a un libro de poesía. En la biblioteca que forma nuestra Biblia hay libros de poesía, historia, leyes, sabiduría, cartas a iglesias específicas o a personas y profecía escrita para ciertos grupos de personas, en un período de tiempo específico, acerca de su futuro.

EL PRIMER Y SEGUNDO TESTAMENTO ESTÁN COMBINADOS EN UN SOLO VOLUMEN

La "biblioteca" a la que la mayoría de los cristianos se refiere como Biblia contiene sesenta y seis libros, todos publicados juntos en un volumen sencillo con dos partes distintas. Dependiendo de cuál de las dos partes principales estés leyendo determina cómo interpretas un libro o versículo.

La primera sección, llamada Antiguo Testamento, contiene treinta y nueve libros. La segunda sección, llamada Nuevo Testamento, contiene veinte y siete libros. La palabra "testamento" simplemente significa "pacto", y aunque no es una palabra que usemos mucho, era muy común en el tiempo en que la Biblia se escribió. Un pacto significa un "acuerdo" entre dos partes. El Antiguo Pacto (o testamento) es el acuerdo que Dios hizo con la gente de Israel (gente étnicamente judía) detallando cómo se iban a relacionar con Dios para poderlo conocer. El Nuevo Pacto (o testamento) es el acuerdo que Dios hizo con todas las personas a través de Jesús, y al hacer este acuerdo, terminó con el Antiguo Pacto. El Nuevo Pacto detalla cómo ahora todas las personas de todos los trasfondos étnicos (no solo las personas judías) se pueden relacionar con Dios y adorarle.

No me gusta usar el término "Antiguo Testamento" (que es simplemente un nombre que alguien inventó, ya que no formaba parte del título original de la Biblia). Decir que esta sección es "vieja" hace parecer que no es algo significativo para las personas, lo cual está muy lejos de la verdad. El Antiguo Testamento es extremadamente importante porque da los fundamentos y cuenta el inicio de la historia que nos lleva al Nuevo Testamento y a la llegada de Jesús. Generalmente, me refiero al Antiguo Testamento como el *Primer Testamento* o la *Biblia hebrea*, ya que la mayor parte de ella fue escrita en hebreo. El Nuevo Testamento fue escrito en griego. La "Biblia" es un volumen de sesenta y seis libros que contiene escritos de dos diferentes pactos que describen dos maneras principales en que Dios proveyó para que los seres humanos lo conocieran y se relacionaran con él.[b] No entender esto puede llevar a un mal uso y a confusión.

La Biblia, aunque es una colección de libros de diversos autores y en distintos entornos históricos, tiene una serie de ideas que se revelan con fuerza en los dos testamentos. Y entre esas ideas fundamentales están las siguientes: el Dios bíblico es creador, liberador, sanador y salvador; y ese Señor, que además es eterno, está muy interesado en dialogar con la humanidad, ya que tiene un compromiso serio con la salvación y la transformación de las personas.

UNA BIBLIOTECA DE SESENTA Y SEIS LIBROS CON MUCHOS AUTORES, PERO A LA VEZ, CON SOLO UNO

Como cualquier otra biblioteca de muchos diferentes libros, la Biblia tiene muchos autores humanos. A diferencia de la mayoría de los libros que leemos hoy, la Biblia no es el producto de una sola persona. Nuestro mejor entendimiento de la historia de cómo se escribió la Biblia es que fue escrita por más de cuarenta autores de diferentes caminos de la vida, incluyendo pastores, granjeros, constructores de tiendas, doctores, pescadores, sacerdotes, filósofos y reyes. Estos autores humanos vivieron en periodos de tiempo diferentes y tuvieron diferentes experiencias de vida, educación, perspectivas del mundo y diferentes personalidades y temperamentos, los cuales se ven reflejados en qué y cómo escribieron. La Biblia también fue escrita en tres idiomas diferentes (hebreo, arameo y griego).

Aunque fue escrita por muchos diferentes autores, la Santa Biblia, a diferencia de cualquier otro libro, tiene algo único. Detrás de todos esos autores humanos, hay un único Autor. La biblioteca de libros de la Biblia fue escrita por autores humanos quienes tenían al Espíritu de Dios inspirándolos y guiándolos.[2] La biblioteca de libros de la Biblia era, y es, la manera principal en que Dios se comunica con nosotros dándonos su guía. Dios supervisó el proceso de lo que se estaba escribiendo, usando a diferentes personalidades, experiencias de vida y situaciones de cada autor humano para comunicar lo que quería decir. Cada palabra en los escritos originales de la Escritura eran exactamente la palabra que Dios quería que la gente tuviera.[3] Así que decimos que hay muchos autores de la Biblia, pero solamente un "Autor".[c]

Esa peculiaridad de la Biblia, que detrás de sus muchos autores humanos hay un solo autor divino, explica la continuidad de los temas. Por ejemplo, la importancia de un plan de salvación para la humanidad, que se va revelando de forma progresiva y sistemática, desde las primeras páginas del libro de Génesis hasta el libro de Apocalipsis, que cierra el canon de las Escrituras Cristianas.

UNA BIBLIOTECA DE LIBROS Y CARTAS ESCRITAS DURANTE MIL QUINIENTOS AÑOS EN TRES LENGUAJES

Si divides los sesenta y seis libros de la Biblia estarían en diferentes estantes de una biblioteca. Esto es extremadamente simplista, ya que muchos libros dentro de la Biblia tienen más de un tipo de escritura

---

2.   2 Pedro 1:21.

3.   1 Timoteo 3:16–17; 2 Pedro 1:20.

dentro de ellos. En la biblioteca de la Biblia hay secciones de historia, leyes, poesía, profecía, sabiduría y literatura apocalíptica.

Los manuscritos originales que forman la Biblia fueron escritos en varios materiales incluyendo piedra, pergaminos y rollos, así que si vieras los originales no se verían como ningún libro que conocemos ahora.

La biblioteca de la Biblia está dividida en dos secciones principales, los libros del Antiguo y Nuevo Testamentos. Muchos de los libros del Nuevo Testamento son cartas escritas a iglesias específicas o a personas en particular.

Solo recuerda que cuando abras tu Biblia en una página dada, podrás estar caminando por una biblioteca histórica, por ejemplo. Y que cuando abres el libro de los Salmos estarás entrando en la sección de poesía de la biblioteca del Antiguo Testamento.

De singular importancia, cuando se lee el Nuevo Testamento, es el descubrimiento que las epístolas o cartas constituyen una de sus secciones más importantes. Ese estilo literario es el marco de referencia para las enseñanzas del apóstol Pablo, que han sido fundamentales en el establecimiento de la iglesia cristiana, en el desarrollo de las prácticas eclesiásticas y en el crecimiento de sus expresiones teológicas.

2. LA BIBLIA FUE ESCRITA PARA NOSOTROS, PERO NO A NOSOTROS

El segundo de los cuatro datos que necesitas conocer para interpretar la Biblia correctamente es *que la Biblia fue escrita para nosotros, pero no a nosotros.* Cuando el brillante y muy respetado académico del Antiguo Testamento John Walton habló en mi iglesia, repitió esta frase múltiples veces. Él explicó que la Biblia es cien por ciento inspirada por Dios y que podemos tener confianza en que cada palabra en el documento original de la Biblia dice exactamente lo que Dios quería que dijera. Creemos en la completa inspiración de Dios y credibilidad de la Biblia. Los libros en la biblioteca de la Biblia son

LA BIBLIA NO FUE ESCRITA EN UN LENGUAJE MODERNO NI CON NUESTRA CULTURA, SUPOSICIONES Y VALORES CONTEMPORÁNEOS EN MENTE.

para toda la gente, de todos los tiempos y lugares, para leer y obtener sabiduría.

Pero la Biblia no fue escrita originalmente *a* nosotros. No fue escrita en un lenguaje moderno y ni con nuestra cultura, suposiciones y valores contemporáneos en mente. Para obtener el mayor beneficio de lo que Dios nos estaba comunicando cuando inspiró a los autores de la Biblia para escribir, necesitamos entrar a su mundo y oír las palabras como la audiencia original las hubiera escuchado, y como el autor hubiera querido que se entendieran. Tenemos que leerlas en esos términos.[d]

Originalmente, el Antiguo Testamento se escribió para las comunidades hebreas que vivían tanto en Jerusalén como en el exilio, en diversos periodos de la historia. El Nuevo Testamento se redactó para comunidades judías y gentiles que aceptaron el mensaje redentor de Jesús el Mesías en el siglo primero d.C.

AUNQUE LA BIBLIA NO FUE ESCRITA A NOSOTROS, A TRAVÉS DE ELLA OBTENEMOS INSTRUCCIONES DE VIDA

Toda la Biblia—*cada* página y palabra—tiene una visión e instrucción para nosotros hoy. La Biblia—tomada como un conjunto—revela la historia de Dios, quién es Dios y lo que Dios ha hecho. Nos habla acerca de nuestra salvación, nuestro propósito y nuestros orígenes, dándonos guía para la vida, una visión para lo que viene y, más que nada, nos dice quién es Jesús. Cuando el apóstol Pablo escribió una carta para animar a un joven líder, enfatizó la importancia de la Biblia en esta manera: "Desde tu niñez conoces las Sagradas Escrituras, y estas te pueden dar la sabiduría que se necesita para la salvación mediante la fe en Cristo Jesús. La Escritura entera es inspirada por Dios y es útil para enseñarnos, para reprendernos, para corregirnos y para indicarnos cómo llevar una vida justa. De esa manera, los servidores de Dios estarán plenamente capacitados para hacer el bien".[4]

Pablo estaba diciendo en su carta a Timoteo que todo el Antiguo Testamento, la porción de la Biblia que tenían en ese tiempo, era útil para hacer a Timoteo sabio y equiparlo para su vida del día a día y a su propósito de seguir a Jesús. Hoy también incluimos los escritos del Nuevo Testamento en las Santas Escrituras. En la misma carta, Pablo lo desafía a que sea alguien que "interpreta correctamente la palabra de Dios".[5] Esto implica que algunos la manejaban incorrectamente. Incluso hay advertencias en la misma Biblia de que algunos de los libros del Nuevo Testamento contienen cosas que "… no son fáciles de entender. Por eso, los ignorantes y los inconstantes tuercen

---

4.   2 Timoteo 3:15-17.

5.   2 Timoteo 2:15.

su significado (así como también el de otros pasajes de las Escrituras) con lo que se labran su propia destrucción".[6]

Amo que la Biblia misma dice qué partes de la Biblia son difíciles de entender. Así que cuando batallamos con algo en la Biblia, tenemos que recordar que hasta Pedro admite que no todo se entiende fácilmente. Por esto, es críticamente importante invertir tiempo y esfuerzo en entender cómo *sí* y cómo *no* estudiar la Biblia apropiadamente.

> En efecto, la Biblia no fue escrita para la gente de fe del siglo XXI, pero fue redactada con un mensaje que rompe los límites del tiempo, las culturas y los idiomas. El mensaje de salvación que se incluye en la Biblia es pertinente para cualquier persona, independientemente de sus realidades inmediatas, pues la voluntad de Dios que se pone en de manifiesto en la Biblia está dirigida a la humanidad en general.

NECESITAMOS CAMBIAR NUESTRAS MANERAS PELIGROSAS DE LEER LA BIBLIA

La mayoría de las personas, cuando empiezan a leer la Biblia, quieren inmediatamente saber "¿qué significa esto para mí y mi vida?" Esto asume que cuando leemos la Biblia, deberíamos leerla como si lo que Dios estaba escribiendo está específica y directamente escrito para nosotros hoy. Puede que no nos demos cuenta de que hacemos esto, pero lo hacemos todo el tiempo. Y tristemente, hasta la predicación y enseñanza en algunas iglesias hacen esto de manera no intencional, y el que las personas no entiendan la Biblia no ayuda. Cuando leemos la Biblia de esta manera, le superponemos nuestras

---

6.   2 Pedro 3:16.

presuposiciones —lo que creemos y entendemos— basados en nuestra experiencia, cosmovisión (o visión del mundo), cultura y conocimiento. Nuestros valores contemporáneos y estilo de vida también son parte de los lentes a través de los cuales leemos la Biblia. Y aunque hay muchas cosas que la Biblia puede decir para ayudarnos, si la vemos mayormente como un "mensaje para mí", estamos en graves problemas. Terminamos escogiendo solo las cosas que nos gustan leer y aplicar a nuestras vidas. Esto sucede si nos enfocamos en los versículos bíblicos "bonitos" y reconfortantes.

No todas las promesas o bendiciones son algo que podemos aplicar directamente a nuestras vidas hoy. Podemos tomar versículos y promesas bíblicas que no están destinados a nosotros, y luego nos decepcionamos con Dios cuando estas no suceden.

LOS PLANES PARA NOSOTROS DE ESPERAR SETENTA AÑOS PARA UNA PROMESA

Un ejemplo de esto es Jeremías 29:11, un versículo comúnmente mal usado: "Pues conozco los planes que para ustedes tengo, dice el Señor. Son planes de bien y no de mal, para darles un futuro y una esperanza".

Por supuesto, es maravilloso pensar que Dios tiene planes para nosotros para prosperarnos. Pero debemos tener cuidado de que no estemos tomando versículos bíblicos y aplicando una promesa a nosotros mismos que Dios *no* nos hizo. Esto puede llevar a una gran decepción y desilusión. Jeremías 29:11 no fue escrito para nosotros. Este versículo estaba destinado al pueblo de Israel para tratar con su situación del momento. El pueblo estaba en cautividad, lejos de la tierra prometida, viviendo en Babilonia. Su hermosa ciudad capital estaba destruida, y habían sido tomados como prisioneros y llevados a Babilonia a cientos de kilómetros de distancia. La ironía de tomar este versículo como una promesa, aun en su contexto original, es que Dios los decepcionó con esas palabras. Les está diciendo: "Sí, un día serán libres y prósperos de nuevo, pero esto no sucederá por *setenta años*".

Pasaron setenta años antes de que fueran liberados y que se les permitiera volver a Jerusalén, y muchos de los lectores de esas promesas originales habían muerto antes de que esto sucediera. Supongo que cuando tomas un verso como este fuera de su contexto original y lo aplicas a una situación de tu vida, esperas que Dios no tarde setenta años en cumplir su promesa.

Con frecuencia tomamos un versículo bíblico que suena bonito y lo aplicamos directamente a nuestra vida. No todos los versículos fueron escritos para nosotros ni se aplican a nuestro caso. A menudo escogemos solamente los versículos bíblicos que suenan bien y clamamos que son verdad y los aplicamos a nuestras vidas, mientras que nos salteamos los que suenan negativos y locos. Necesitamos detenernos y preguntar: "¿para quién fue escrito el versículo bíblico originalmente y por qué?".

Muchos de los versículos bíblicos que no tienen sentido para nosotros hoy, usualmente lo tenían para los lectores originales. Si no analizamos ese tiempo y cultura, puede que haya cosas que se nos hagan confusas o raras. Es fácil tomar nuestra cosmovisión y luego adherirla a algo que leemos o escuchamos, interpretándolo a través de nuestro lente. Podemos ver palabras específicas, disecarlas y usar un análisis contemporáneo complicado para hacer todo esto. Finalmente, necesitaremos dar un paso atrás y hacernos la pregunta más fundamental: "¿Qué estaba diciendo el autor originalmente?". No podemos simplemente imponer nuestro propio entendimiento al significado de una palabra o declaración que otro escribió o dijo. Y cuando vemos algunas de las partes de la Biblia que suenan extrañas, tenemos que intentar descubrir cuál era la audiencia original y ver el texto a través de sus lentes, no los nuestros. Si no, las posibilidades de confusión serán infinitas.

Esperar setenta años para ver cumplida la voluntad de Dios es muy importante. Los múltiplos de siete en la Biblia son signos de algo completo y bien hecho. La referencia a los setenta años alude a un período completo y adecuado que prepara el camino para descubrir, disfrutar y compartir la revelación divina.

CAPÍTULO 3

NUNCA LEAS
UN VERSÍCULO BÍBLICO

Si existiera una pizca de sabiduría, una regla general, una habilidad que yo pudiera impartir, un consejo útil que pudiera dejar que te sirviera por el resto de tu vida, ¿cuál sería? ¿Cuál es la habilidad más importante que he aprendido como cristiano?

Aquí está: nunca leas un versículo bíblico. Así es, nunca leas un versículo bíblico aislado. En vez de eso, siempre lee al menos un párrafo.

-Greg Koukl, autor y apologista[a]

Cuando estamos tratando de entender los versículos bíblicos perturbadores o que suenan locos, una de las frases más útiles que podemos tener en mente se encuentra en la frase de Greg Koukl: "Nunca leas un versículo bíblico". Obviamente, esta es una exageración, pero es una exageración con propósito. Es una manera memorable de decirnos que nunca debemos leer un versículo bíblico aislado del contexto.

Algunos de ustedes podrían argumentar que vemos a Jesús y otros autores del Nuevo Testamento citando versículos singulares. Pero en ese tiempo, cuando citabas un versículo, se entendía que esta era una manera sencilla de hacer referencia a la sección mayor de la Escritura de la cual ese versículo era tomado. Los judíos saturaban sus mentes y corazones con las Escrituras de tal manera que un versículo bíblico era suficiente para ayudarles a recordar todos los otros pasajes que lo rodeaban. Citar un versículo bíblico es diferente. Hoy, cuando las personas citan un versículo bíblico, a menudo *no* están conscientes del contexto.

La mayoría de las personas de hoy, incluyendo muchos cristianos, no saben qué viene antes y qué después de un versículo específico de la Biblia. Así que cuando estamos leyendo un versículo por sí solo, aisladamente, puede dar lugar a confusión. Un versículo bíblico —tomado por sí solo— puede ser malentendido y mal interpretado, y usado en todo tipo de maneras que no tienen nada que ver con su significado original. Esta es una de las principales maneras en que vemos a la Biblia ser usada contra sí misma por sus críticos.

Tristemente, no son solo los que atacan a la Biblia los que hacen esto. Cristianos que creen en la Biblia hacen lo mismo. Escogemos los versículos bonitos y felices para ponerlos en camisetas y tazas.

Es muy importante leer el contexto de cada versículo bíblico para tener una idea del marco de referencia temático, educativo, literario y teológico que puede contribuir a la comprensión del mensaje. Es un gran error leer y tratar de entender alguna porción de las Escrituras sin entender el contexto general de lo que se afirma.

3. NUNCA LEAS UN VERSÍCULO BÍBLICO

"Nunca leas un versículo bíblico" es un recordatorio de que *todo* versículo bíblico está escrito en un contexto, en un período de tiempo específico y con un propósito específico. Todo versículo bíblico cabe dentro de una historia mayor; cuando leemos cualquier versículo queremos:

> - Ver un versículo bíblico específico (muchas personas se detienen ahí).
> - Ver el párrafo en el cual está ese versículo.
> - Ver el capítulo en el que está dicho versículo.
> - Ver el libro de la Biblia que en el que están ese capítulo y versículo.
> - Ver cómo ese libro de la Biblia cabe dentro de la trama completa de la Biblia.

La Biblia es una historia real, fundada en la historia y cien por ciento inspirada por Dios. Es una historia que nos dice acerca del Dios que creó todo y de sus interacciones con los seres humanos y todo lo que él creó. Es la más asombrosa y emocionante historia que podemos leer, y vale la pena familiarizarse con ella.

Lamentablemente, hemos perdido nuestra noción de esta épica historia. Muchas personas de hoy probablemente puedan decirte la trama básica de una película de la saga de *La Guerra de las Galaxias*, pero lucharían al contarte la trama completa de la Biblia. Por eso es que hay tanta confusión y malentendidos cuando un versículo bíblico es leído aisladamente, especialmente cuando suena un poco loco.

Cuando abrimos la Biblia, necesitamos un poco de trasfondo.

JESÚS TIENE UN TRASFONDO LLAMADO ANTIGUO TESTAMENTO

Cuando lees acerca de Jesús en la Biblia, necesitas entender que Jesús no aparece simplemente de la nada. Él tiene una historia de fondo que empieza mucho antes de su nacimiento en Belén. Hay indicios de él en el libro de Génesis, desde el jardín del Edén,[1] en una promesa hecha acerca de él a Abraham.[2] Los indicios acerca de Jesús se vuelven más claros en los escritos del profeta Isaías,[3] siguiendo hasta el momento de su nacimiento en el Nuevo Testamento. Hay una historia entera que precede a su nacimiento, dando significado adicional a todo lo que él dice y hace.

NECESITAMOS DEL ANTIGUO TESTAMENTO PARA ENTENDER EL NUEVO

El Antiguo Testamento fue escrito a grupos específicos de personas en periodos de tiempo específicos por razones específicas. Muchas de las leyes que leemos en el Antiguo Testamento ya no aplican directamente a nosotros porque fueron creadas bajo el "antiguo pacto", un acuerdo que delineaba cómo ciertas personas se relacionaban con Dios en ese tiempo. Hoy, aquellos que son cristianos pertenecen al "nuevo pacto", hecho posible a través de Jesús. Esto no significa que el Antiguo Testamento no tenga ningún uso o no sea importante. Necesitamos conocer la historia completa porque nos apunta al significado de Jesús y el Nuevo Testamento que estableció. Sin conocimiento del Antiguo Testamento nos perdemos de conocer la grandeza de Dios, a través de su trabajo de crear y relacionarse con personas a través de los tiempos.

Mucha de la confusión que surge sobre un versículo bíblico viene de ver ese versículo o historia sin tener en cuenta la historia completa. Ninguna gráfica o tabla por sí sola puede capturar la gran complejidad y la belleza de la historia completa de la Biblia, pero he encontrado de ayuda la que está en la figura 3.1. Volveremos a ella durante el

---

1. Génesis 3:15.

2. Génesis 22:18.

3. Isaías 53.

resto del libro, así que tómate un momento para estudiarla y familiarizarte con ella.

> El mundo del Nuevo Testamento es el que se vive en el imperio romano durante el siglo 1 d.C., con sus complicadas políticas sociales, económicas, culturales, religiosas y militares. Y en medio de esas dinámicas fue que se desarrolló el judaísmo en Jerusalén y la Galilea, que fue el entorno general inmediato del ministerio de Jesús. Por esta importante razón, no puede entenderse en Nuevo Testamento sin la evaluación previa de la Biblia hebrea.

LA HISTORIA DE LA BIBLIA VIENE EN SEIS ACTOS

No podemos encerrar a Dios en el tiempo tal y como lo conocemos, pero los eventos de la Biblia sí existen dentro de una línea de tiempo histórica, tan real como nuestras experiencias del día a día. La figura 3.1 nos muestra una línea del tiempo que comienza en la parte izquierda, con el inicio del relato bíblico, y avanza hacia la derecha, hacia el final del relato bíblico. Hay ciertas cosas que debemos tener en cuenta cuando contemplamos esta línea de tiempo visual:

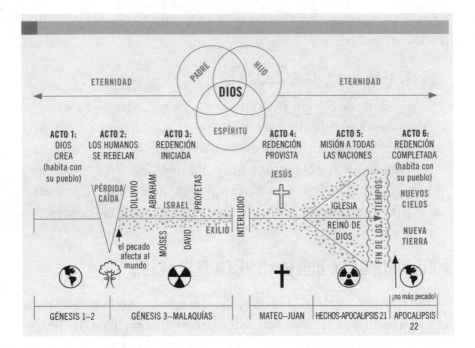

> La parte superior de este diagrama muestra una línea con flechas hacia ambos lados. Esto nos recuerda que el Dios Trinitario (Padre, Hijo y Espíritu) es eterno, aun cuando Dios actúa en el tiempo e historia. Dios crea, lo cual inicia la historia de la Biblia, pero Dios ha existido eternamente antes y después de los eventos sucedidos y comunicados a nosotros en la historia de la Biblia.

> La historia está dividida en seis actos de la historia de la Biblia. Algunas de las descripciones y títulos que usé son una adaptación de varias formas comunes con las que los académicos han presentado este material.[b]

> Los puntos esparcidos a través de la imagen representan el virus del pecado en el mundo y la dispersión del pecado después de la caída.[4]

---

4. Génesis 3.

> Las imágenes del planeta Tierra, las explosiones nucleares y radioactividad son metáforas que indican un cambio en la Creación. El primer planeta indica el mundo creado por Dios como bueno. Luego el símbolo de una explosión nuclear que representa la caída, el tiempo en que los seres humanos se rebelaron contra Dios y el pecado entró al mundo. Los símbolos de radiación indican actividad de pecado, su impacto, y las consecuencias de ello. La historia termina con el mundo una vez más siendo libre del pecado en el nuevo cielo y la nueva tierra.

> En la parte de abajo de la imagen están los nombres de varios libros de la Biblia y dónde se ubican en la línea de tiempo de eventos. Puedes imaginar este gráfico como una Biblia abierta. Si abres una Biblia y encuentras la división entre el Antiguo Testamento y el Nuevo Testamento, del lado izquierdo cubres los eventos de Génesis a Malaquías. En el lado derecho de la Biblia está la sección de Mateo a Apocalipsis.

Al leer la Biblia, podrás ubicar algunas de las cosas que lees que suenan locas en el contexto correcto para que empiecen a tener sentido.

De esas imágenes se desprenden una serie importante de enseñanzas bíblicas, como las siguientes: el Dios bíblico no solo es creador de los cielos y la tierra, sino que está en diálogo continuo con la humanidad. Y ese singular diálogo tiene una finalidad salvadora, liberadora y transformadora.

ACTO 1: DIOS CREA Y HABITA CON PERSONAS (GÉNESIS 1–2)

Dios crea un universo maravilloso y ordenado, un mundo lleno de belleza y potencial. Vemos a Dios crear todo, incluyendo a seres angelicales (llamados "hijos de Dios" en la Biblia).ᶜ Esto también incluye la creación de los seres humanos de una manera distinta a todo lo demás —él los crea "a su imagen". Los seres humanos son creados para estar en relación con Dios como sus hijos. El jardín del Edén era un espacio sagrado donde él podía habitar con ellos. Los seres humanos debían administrar y mantener su creación. Dios creó una familia sobrenatural (el reino angelical y su consejo celestial) y una familia humana (empezando con Adán y Eva). Les dio a los seres humanos la labor de supervisar este mundo, multiplicarse y crear nuevas comunidades. Los seres humanos viven al principio en armonía con Dios y los unos con los otros. Dios habitó entre ellos. No hay desigualdad o discordia entre humanos. Dios llama a lo que creó algo "muy hermoso".

> De acuerdo con el testimonio bíblico, las personas no son el producto de la casualidad genética, sino el resultado de la iniciativa divina, que diseñó a los seres humanos a su imagen y semejanza.

ACTO 2: LOS SERES HUMANOS SE REBELAN Y SUCEDE LA CAÍDA (GÉNESIS 3-11)

Mientras los seres humanos realizaban las tareas que les fueron asignadas, se enfrentaron con opciones. Dios estableció lineamientos y límites para ellos, definiendo el bien y el mal. El misterioso personaje de la serpiente (después identificado como Satanás, el enemigo del pueblo de Dios) entra en la historia para incitarlos a no confiar en Dios. Los humanos escogen dudar de la generosidad de Dios y no confiar en su guía o en el orden que él estableció. Ellos querían definir el bien y el mal por sí mismos.

El evento de la primera rebelión es conocido como "la caída", y es como una explosión nuclear en la historia de la Biblia, alterando el mundo que existe en varias maneras significativas. La relación de la humanidad con Dios se fractura, y la relación consigo mismos, sus familias y la tierra se quebranta. Es cuando el "pecado" (los humanos actuando en contra de la guía de Dios) entra al mundo, y como una contaminación o un virus altera la belleza de lo que fue originalmente creado. El mayor impacto de todo fue la pérdida de acceso a la presencia de Dios.[d]

Sin embargo, Dios ama a las personas que creó, les ofrece esperanza, dándoles un destello de la redención y restauración futuras. Él les dice que un día, alguien (Jesús) vendrá para aplastar la cabeza de la serpiente, venciendo al que instigó a la rebelión.[5] Aun así, la bomba ha sido detonada y las "consecuencias" resultantes ahora afectan todo. Esto se muestra por el símbolo de radiación. Vemos al mal entrando al mundo, esparciéndose como un virus y contaminando todo con pecado. A diferencia de la creación original, ahora vemos:

> Violencia, asesinato, guerra

> Dominio de los hombres sobre las mujeres

> Violación, abuso

> Poligamia, harenes, concubinas, alejamiento del plan original de Dios para el matrimonio

> Dioses falsos siendo creados y adorados

> Esclavitud

> Ego y manipulaciones de todo tipo para obtener poder, control y riquezas

Ocurren más rebeliones contra Dios por seres tanto humanos como divinos.[e] Vemos una segunda rebelión de los angelicales "hijos de

---

5. Génesis 3:15; Romanos 16:20; Apocalipsis 12:9; 20:2, 10.

Dios" tratando de imitar a Dios y crear su propia familia con humanos. El mal continúa levantándose a tal nivel que Dios manda un diluvio (Génesis 6–9) para limpiar el mundo y empezar de nuevo. Él retiene una semilla de la vida animal y de la humanidad, y las personas continúan multiplicándose después del diluvio. Sin embargo, luego vemos a las personas rebelándose contra Dios de nuevo en la Torre de Babel. Es aquí donde Dios los deshereda y dispersa a las naciones a través de la tierra. Esto termina el segundo acto, que nos lleva a donde Dios va a volver a empezar con un hombre, Abraham, a través de quien Dios empezará una nueva familia —el pueblo de Israel.

> El pecado de la humanidad, que se presenta en la Biblia como desobediencia o rebelión a la voluntad de Dios, es el origen de las calamidades que afectan adversamente a las personas y a la sociedad.

ACTO 3: REDENCIÓN INICIADA (GÉNESIS 12–MALAQUÍAS)

A pesar de la continua diseminación del pecado y de las consecuencias resultantes, Dios tiene amor por su creación; él recuerda su promesa de que alguien vendrá a vencer el mal que ha sido esparcido. Él revela que va a llevar a cabo su plan de rescate a través de una familia escogida de entre varios pueblos del mundo —la nación de Israel. Finalmente, a medida que se desarrolla la historia del Antiguo Testamento y la trama progresa, encontramos a Jesús, quien nace del linaje de Abraham. Él es aquel que es prometido, aquel a quien todo esto apunta.

El símbolo de radiación expresa las consecuencias permanentes del pecado, es decir, los efectos de la caída. Mucha de la historia del Antiguo Testamento muestra que las personas invariablemente se alejan de la guía de Dios y confían en sí mismos en lugar de en él. El tercer acto de la historia de la Biblia –la porción de Génesis 12 hasta el libro de Malaquías al final del Antiguo Testamento– tiene tres etapas dentro de este acto.[e]

ACTO 3, ETAPA 1: DIOS ESCOGE A ISRAEL PARA BENDECIR A LAS NACIONES (GÉNESIS 12–DEUTERONOMIO)

Dios le hace una promesa (un pacto) a un hombre llamado Abraham. Dios dice que le guiará a Abraham a una tierra donde se asentará, y su familia se volverá una nación que traerá la bendición de Dios al mundo. La familia crece, pero son hechos esclavos en Egipto. Como nación, Egipto encarna todo lo que ha salido mal con la humanidad: la idolatría, la adoración a dioses falsos, la injusticia, la esclavitud y el ceder a la maldad.

Dios levanta a un descendiente de Abraham llamado Moisés y vence a la maldad de Egipto, rescatando a su pueblo y llevándolos al monte Sinaí. Dios usa a Moisés para guiar a Israel y establece un pacto con los israelitas. Ellos son invitados a obedecer los términos del pacto, los Diez Mandamientos y varios cientos de otras maneras que Dios diseñó para que Israel sea distinto de sus vecinos que adoran a dioses falsos. Al ser fieles con estos mandamientos, el pueblo se volverá el representante sacerdotal de Dios ante las naciones.

Aquí es donde podemos encontrar varias leyes que suenan locas, y prácticas que confunden a las personas de hoy. Estas leyes fueron dadas a Israel. Parecen extrañas y raras para nosotros hoy, pero para Israel en ese tiempo estas leyes tenían sentido. Y eran lo que se necesitaba en ese momento de su historia y de su relación con Dios.

ACTO 3, ETAPA 2: EL FRACASO DE ISRAEL (JOSUÉ, JUECES, 1ª Y 2ª DE SAMUEL, 1ª Y 2ª DE REYES)

Israel entra en la tierra que Dios le prometió a Abraham. Deben limpiar la tierra y expulsar a aquellos que se niegan a adorar al único Dios verdadero. Pero fallan de nuevo y empiezan a adorar a los dioses de las naciones que los rodean, lo que los lleva a una mayor corrupción e injusticia. Vemos a Israel cometer actos como esclavitud, poligamia y violencia, y seres humanos poniéndose a sí mismos en primer lugar en vez de a Dios. Aun sus mejores reyes, David y Salomón, fracasan miserablemente.

TODO VERSÍCULO BÍBLICO CABE DENTRO DE UNA HISTORIA MAYOR.

Dios les advierte una y otra vez que vuelvan a él, pero repetidamente se rehúsan. Luego permite que las tribus de Israel sean conquistadas por el poder dominante de su día, los babilonios. La mayoría de los israelitas son llevados al exilio y la cautividad en Babilonia. La ironía de la historia es que el pueblo escogido de Dios ha demostrado que no son diferentes de las naciones a su alrededor, y en su rebelión están arruinando el mundo bueno de Dios.

ACTO 3, ETAPA 3: EL EXILIO DE ISRAEL Y LA ESPERANZA PROFÉTICA (ISAÍAS, JEREMÍAS, EZEQUIEL, OSEAS A MALAQUÍAS)

A pesar del pecado de Israel, no todo está perdido. Entre el pueblo de Israel existe una minoría vocal llamada los profetas. Ellos le habían advertido al pueblo de la próxima caída de Israel, pero también pusieron en claro que esto no era el final de la historia para el pueblo de Dios. Dios había hecho una promesa de restaurar la bendición divina al mundo a través de alguien que no había nacido, un descendiente de Abraham y del rey David. La promesa de Dios sigue vigente, y a través de un futuro líder, Dios rescataría al mundo. El escenario está listo para la venida de Jesús, el líder prometido.

Una característica fundamental que la Biblia presenta referente a Dios, es que no se detiene en su deseo de bendecir a las personas. Y aunque los seres humanos pecaron y se distanciaron de Dios, el Señor continuó con sus esfuerzos de comunicación y salvación de las personas y los pueblos.

INTERVALO: EL PERÍODO DE CUATROCIENTOS AÑOS ENTRE EL ANTIGUO Y EL NUEVO TESTAMENTO

En este punto en la historia hay un período de cuatrocientos años durante los cuales no se escribieron nuevas Escrituras. La Biblia se queda callada. Israel espera a que la promesa sea cumplida y que nazca un líder que los rescatará y redimirá. Dios sigue estando activo y hay cosas sucediendo, pero estos eventos no son considerados Escrituras inspiradas, así que no se incluyen en la Biblia.

En el llamado período intertestamentario el Dios bíblico continuó su tarea redentora en medio del pueblo de Israel, en la historia y la naturaleza. Ese tiempo fue determinante para la llegada del Mesías esperado por el pueblo judío.

ACTO 4: LA REDENCIÓN PROVISTA: JESÚS (MATEO, MARCOS, LUCAS, JUAN)

Al comenzar el acto 4, Jesús de Nazaret entra en escena. Él a veces es llamado Emanuel, que significa "Dios con nosotros". Los cuatro evangelios (Mateo, Marcos, Lucas y Juan) del Nuevo Testamento presentan a Jesús como la solución al conflicto que presenciamos a lo largo del Antiguo Testamento. Aprendemos que Jesús fue aquel de quien Dios y los profetas hablaron, aquel que viene a cumplir la promesa de Dios y a traer la bendición divina a todas las naciones. Jesús es del linaje de Abraham y del rey David, y él es el cumplimiento de todas las promesas hechas en el Antiguo Testamento, desde el inicio de Génesis hasta los profetas.

Aprendemos que Jesús es el esperado "Mesías" o "ungido", una referencia a la práctica de poner aceite en las cabezas de los líderes designados y escogidos por Dios. En griego esta palabra es "Cristo", y como el Cristo, Jesús es el Rey que viene a redimir a Israel y a guiarlos a un nuevo futuro con Dios. Sin embargo, Jesús no hace esto de la manera que ellos esperaban que lo hiciera. En lugar de venir como un líder militar usando fuerza y poder, él vino como un sirviente que guía a servir a otros en su necesidad. Jesús es humano, pero también divino, de la misma naturaleza del Dios creador, y aprendemos que Dios misteriosa e increíblemente existe no como una persona solitaria, sino eternamente como tres personas: el Padre, el Hijo (Jesús) y el Espíritu Santo. Al final, los cristianos se referirán a esta comunidad de tres personas que existe como una unidad (Dios o la Deidad) y la llamarán la "Trinidad".

Jesús proclamó que él estaba trayendo el reino de Dios de vuelta a la tierra, y que él confrontaría los efectos trágicos del mal y del pecado. Pero el plan de Jesús para vencer el mal de la humanidad resultó inesperado. Él iba a dejar que primero lo vencieran. Jesús se metió en problemas al enseñar cosas que molestaron a los líderes religiosos de su época. Fue arrestado y asesinado mediante la forma común de ejecución de criminales de ese tiempo, siendo crucificado, colgado en una cruz. Su muerte no fue una muerte ordinaria. Jesús sufrió el dolor físico de la crucifixión como cualquier otro y el castigo por todo el pecado del mundo. Su resurrección de la muerte selló su victoria sobre todo el mal humano y sobre la maldición de la muerte. Todos los que ponen su fe en él y confían en Jesús y sus promesas son ahora perdonados por Dios de sus pecados contra él y pertenecen nuevamente a Dios. La resurrección de Jesús de entre los muertos confirmó su identidad, y es el sello de aprobación de Dios sobre él como el gobernante escogido de la creación de Dios. El cuarto acto termina con la resurrección de Jesús y su ascensión al cielo, donde se nos dice que él reina ahora sobre mundo desde el trono de Dios. Él es el prometido, el Rey cuya muerte perdona los pecados de aquellos que ponen su fe y confianza en él.

> La llegada de Jesús de Nazaret a la historia es una manera adicional de afirmar que el Dios bíblico cumple sus promesas. En el nacimiento de Jesús se cumplen las profecías hechas, por ejemplo, a David e Isaías.

ACTO 5: MISIÓN PARA TODAS LAS NACIONES (HECHOS A APOCALIPSIS 21)

Después de su resurrección, los seguidores de Jesús experimentaron el poder de la tercera persona de Dios, el Espíritu Santo, habitando en ellos. Aquí, cerca del templo en Jerusalén, la *iglesia* nació, y el Espíritu Santo de Dios vino a "habitar" en las personas que ponen su fe en Jesús. Ya no hay necesidad de un edificio físico o templo para que las personas se encuentren con Dios. El pueblo de Dios ahora es espiritualmente el templo de Dios, y todos los que siguen a Jesús son considerados sacerdotes con igual acceso a Dios a través de Jesús.

Después de su resurrección y antes de ascender al cielo, Jesús aparece en la carne muchas veces. Él les da un mandamiento a sus seguidores, el de que vayan como testigos para compartir las increíbles noticias de lo que él había hecho por el pueblo de Israel, y ahora también por toda la humanidad. A través de Jesús las bendiciones de Israel son dadas a las demás naciones y personas del mundo. El regalo gratuito de la salvación de las consecuencias eternas del pecado y la promesa de estar con Dios por toda la eternidad están ahora disponibles para todos aquellos que creen en lo que Jesús ha hecho.

Los seguidores de Jesús crearon comunidades pequeñas con otros creyentes en Jesús llamadas "iglesias". Las personas se reunían semanalmente en las iglesias locales para celebrar su nueva manera de vivir como seres humanos redimidos, disfrutando de una íntima relación con Dios. Comían juntos y adoraban a Jesús mientras se desafiaban los unos a los otros a seguir sus enseñanzas. Mientras se esparcía el mensaje de Jesús, surgían nuevas iglesias, que crecían y se multiplicaban. Fueron escritas cartas con enseñanzas para las iglesias, muchas de ellas por un antiguo perseguidor de los seguidores de Jesús quien se había vuelto su seguidor, un hombre llamado Pablo (antes conocido como Saulo). La iglesia eligió líderes llamados "apóstoles". Muchas de las cartas de instrucción para las iglesias fueron inspiradas por Dios y se volvieron parte de la Biblia en el Nuevo Testamento, cuyo texto estaba siendo seleccionado y compilado en aquellos tempranos años de la iglesia. Estos escritos eran instrucciones proveyendo de guía a todo tipo de congregaciones, enfrentando variedad de retos y problemas mientras aprendían a seguir a Jesús en el mundo del primer siglo. La iglesia tiene la misión de vivir las enseñanzas de Jesús, con el poder del Espíritu de Dios, y confiando en sus promesas para que otros conozcan la esperanza y perdón de Jesús y pongan su fe en él.

En el ministerio de Jesús, especialmente luego de su muerte y resurrección, el mensaje bíblico cobra dimensión nueva, ya que la voluntad divina es llegar "hasta lo último de la tierra". Y en el día de Pentecostés se confirma que las enseñanzas del Señor ya no tienen limitaciones culturales, geográficas y lingüísticas.

ACTO 6: REDENCIÓN COMPLETADA, DIOS HABITA CON PERSONAS DE NUEVO (APOCALIPSIS 22)

El acto final de la obra nos habla acerca de un tiempo que vendrá en el futuro. Jesús regresará y una nueva Creación será establecida. Este es el gran final de la historia, así como el inicio de una nueva. Aquí vemos imágenes del jardín del Edén. Es *volver al inicio*, una "re-creación" donde Dios arregla lo que salió mal y hace todas las cosas nuevas otra vez, aun mejor que lo que eran antes, al eliminar la posibilidad de que el mal pueda infectar de nuevo a la creación de Dios o al pueblo de Dios. En la línea del tiempo, notarás que el símbolo de la radiación ya no está, y el mundo es restaurado al cumplimiento final de los propósitos de Dios —el nuevo cielo y la nueva tierra planeadas desde el principio.

Este es un resumen general y rápido de la historia de la Biblia. Te ofrece un esquema de la cosmovisión cristiana, del lente a través del cual un seguidor de Jesús ve el pasado, el presente y el futuro. Una vez que tienes un entendimiento básico de la historia completa, todo cambia (y esto no es una exageración).

La palabra final del libro de Apocalipsis es que este mundo no está a la merced de los caprichos humanos, sino que descansa en la voluntad de Dios. La esperanza de la gente de fe es que vienen "cielos nuevos y tierra nueva", que es una gran afirmación teológica: la última palabra en la vida y en la historia proviene de Dios.

4. TODA LA BIBLIA APUNTA A JESÚS (Y JESÚS AMABA ESTA BIBLIA LOCA)

Desde el principio de Génesis hasta el final de Apocalipsis, toda la Biblia apunta a Jesús. No vemos el nombre de Jesús en el Antiguo Testamento, pero la historia de la Biblia entera gira alrededor de él como el enviado por Dios para redimir al pueblo de Dios y rescatarlo de las consecuencias del mal y del pecado.

Jesús mismo dijo esto acerca de sí mismo. Después de su resurrección, habló con dos de sus seguidores mientras caminaba junto a ellos. Ellos no reconocieron que este hombre era Jesús. Estaban hablando de su muerte reciente, pero no podían entender por qué había muerto. "[Jesús] les dijo '¡Qué torpes son ustedes! ¡Qué corazón tan lento tienen para creer todo lo que los profetas dijeron! ¿Acaso no saben que el Cristo tenía que sufrir estas cosas antes de entrar en su gloria?' Entonces les explicó todo lo que las Escrituras decían acerca de él, comenzando por Moisés y siguiendo por todos los profetas".[6]

Cuando Jesús se refiere a Moisés, a todos los profetas y todas las Escrituras, está hablando de lo que ahora llamamos el Antiguo Testamento. Jesús está mostrándole a sus seguidores como todo apunta a él. Esto no significa buscar en cada versículo del Antiguo

---

6.   Lucas 24:25–27

Testamento y luego hacer conexiones alegóricas a Jesús, tratando de encontrarlo en todos los detalles. La historia completa apunta a él.

Cuando leemos el Antiguo Testamento, necesitamos tener esto en mente. Al hablar con los líderes religiosos de su propio tiempo, personas que eran los estudiantes bíblicos más serios, Jesús les advirtió que no dejaran de verlo en las Escrituras.[7] La Biblia apunta a Jesús como el clímax y el personaje principal de la historia, y hoy, viendo al futuro, anticipamos su regreso y la creación de un nuevo cielo y una nueva tierra donde él reinará como Rey. Jesús está enhebrado a través de la Biblia entera, y entender esto hace que algunas de las partes más confusas y difíciles de la historia tengan sentido.

Con estos cuatro conceptos en mente, vamos a ver algunas de las reglas inusuales y extrañas que encontramos en el Antiguo Testamento. Cuando una persona toma una Biblia y empieza a leer, a menudo encuentra leyes inusuales y se pregunta si los cristianos realmente creen estas cosas extrañas. Y ¿por qué nadie realmente sigue esas leyes hoy si son cristianos? ¿O es que los cristianos escogen las leyes que les gustan y se saltean las que no les gustan?

Al estudiar las Sagradas Escrituras debemos estar conscientes de la importancia que tienen las promesas de la llegada del Mesías y del cumplimiento de esas antiguas profecías en la figura de Jesús, que era conocido por sus seguidores como el Cristo o el Ungido de Dios.

---

7. Juan 5:39–47

PARTE 1 - RESUMEN

NUNCA LEAS UN VERSÍCULO BÍBLICO

Al terminar la primera sección de este libro, vamos a repasar lo que hemos aprendido.

➤ Es importante aprender cómo (no) estudiar la Biblia, para que cuando veamos los muchos versículos bíblicos confusos y perturbadores, no nos tomen por sorpresa.

➤ Conocer la historia de la Biblia es muy importante para entender la Biblia. Esta historia nos habla de Dios creando el universo y a los seres humanos para que él pueda habitar entre nosotros y estar en relación con nosotros. La Biblia comienza y termina con el hecho hermoso de que Dios nos ama como hijos suyos y quiere que estemos en su presencia.

➤ Cuando leemos la Biblia, debemos tener en mente estos cuatro principios clave:

• La Biblia es una biblioteca, no un libro.

• La Biblia fue escrita para nosotros, pero no a nosotros.

• Nunca leas un versículo bíblico.

• Toda la Biblia apunta a Jesús.

Conocer estos cuatro conceptos nos provee un fundamento para la interpretación. En las secciones que vienen a continuación, veremos directamente varios de los pasajes que suenan más locos. Y al hacer esto, volveremos a estos cuatro principios fundamentales.

Ante la afirmación de cómo no leer la Biblia, la respuesta debe ser que hay que evitar los estudios superficiales; debemos entender la naturaleza teológica y literaria de las Sagradas Escrituras, además de entender que el mensaje bíblico está orientado hacia la figura histórica de Jesús. En ese proceso de aprendizaje se utilizan los recursos educativos disponibles, como la oportunidad de aprender los idiomas originales que se usaron para escribir las Escrituras (hebreo, arameo y griego), además de varias versionas de la Biblia.

PARTE 2

COSAS EXTRAÑAS:
CAMARÓN, ESCLAVITUD, Y LA
PIEL DE UN CERDO MUERTO

CAPÍTULO 4
COSAS EXTRAÑAS Y MÁS EXTRAÑAS EN EL ANTIGUO TESTAMENTO

Los cristianos dicen: "Dios, bendice este cerdo que nos ordenaste que no comiéramos".

-Meme

Un popular programa de televisión americano difunde un episodio en donde un personaje principal, el presidente de los Estados Unidos, confronta a una locutora de radio cristiana.[a] El presidente, para demostrar la irrelevancia de la Biblia, recita versículos bíblicos y, al concluir con un discurso dentro de un set de televisión lleno de personas, dice: "Estoy interesado en vender como esclava a mi hija menor, tal como está estipulado en Éxodo 21:7. Ella es estudiante de segundo año en la Universidad de Georgetown, habla italiano fluidamente, y siempre limpia la mesa cuando le toca. ¿Cuál sería un buen precio por ella?".

¿Realmente la Biblia dispone vender una hija como esclava? Éxodo 21:7 dice: "Si un hombre vende a su hija como esclava, ella no será libre al final de los seis años, como en el caso del hombre". Y este no es el único pasaje. Varios otros versículos en el Antiguo Testamento y algunos en el Nuevo Testamento parecen aprobar la esclavitud. ¿Es esto así?

Pregunta: ¿La Biblia te permite vender a tu hija como esclava?

El presidente continúa citando confiadamente varios versículos bíblicos. Luego sarcásticamente hace preguntas para demostrar su punto de que la Biblia es anticuada, y hace todo tipo de declaraciones irrelevantes y ridículas.

Pregunta acerca de jugar fútbol americano, diciendo, "Aquí hay uno realmente importante, porque tenemos muchos aficionados deportivos en este pueblo. Tocar la piel de un cerdo muerto hace a alguien inmundo, Levítico 11:7. Si prometen usar guantes, ¿pueden los Pieles Rojas de Washington jugar fútbol?".

Levítico 11:7–8 dice, "El cerdo, porque aunque tiene la pezuña partida, no es rumiante. No comerán la carne de ellos ni tocarán sus cuerpos muertos. Tales animales están prohibidos para ustedes". El punto del presidente es demostrar que la Biblia manda cosas raras e inusuales que nadie sigue ni obedece hoy. Si lo hicieran, y la Biblia claramente dice que no se debe tocar la piel de cerdo, ¿cómo puede entonces alguien jugar al fútbol americano, ya que el balón (asume él) está hecho de piel de cerdo?

Estas referencias a temas como el de la esclavitud son muy buenos ejemplos de lecturas bíblicas que no toman en consideración los contextos, y una comprensión del mensaje bíblico fuera de contexto se convierte en pretexto para las distorsiones del mensaje divino.

Pregunta: ¿La Biblia dice que no juguemos al fútbol americano? ¿O que no comamos cerdo?

El presidente continúa con su línea de cuestionamiento: "¿Realmente tiene que reunirse todo el pueblo para apedrear a mi hermano Juan por plantar diferentes cultivos uno al lado del otro?" "¿Puedo quemar a mi madre en una pequeña reunión familiar por usar ropa hecha de dos tipos distintos de hebra?".

Ambas declaraciones se refieren a Deuteronomio 22:9,11: "No sembrarás semillas diversas entre las hileras de tu viña. Si lo haces, los sembrados y las viñas deberán entregarse como ofrenda a Dios… No uses ropa tejida con dos tipos de hebra (por ejemplo, lana y lino)".

Pregunta: ¿La Biblia prohíbe plantar dos tipos diferentes de planta en el mismo jardín, e incluso condena a muerte a quien lo hace?

Pregunta: ¿La Biblia prohíbe usar ropa hecha de dos tipos de telas diferentes?

La escena termina con un mensaje claro: la Biblia es tonta, primitiva y perturbadora. Y cualquiera que cree en ella es un tonto o un hipócrita. La locutora de radio no sabe contestar esas preguntas, así que se queda en silencio. Los espectadores se quedan con una conclusión: estos versículos bíblicos raros y extraños no tienen explicación. Tal vez la Biblia esté loca, sea anticuada y barbárica, y cualquiera que la tome en serio probablemente esté loco también.[b]

La Biblia no es loca, anticuada ni barbárica, presenta el mensaje de Dios a la humanidad y utiliza imágenes y conceptos de las diversas épocas en las cuales se escribió. Es por esa misma razón que deben estudiarse los diversos contextos de los pasajes y mensajes bíblicos.

CUANDO TE SUMERGES Y MIRAS DEBAJO DE LA SUPERFICIE, INCLUSO UN VERSÍCULO EXTRAÑO O DESAGRADABLE COMIENZA A TENER SENTIDO.

DIOS ODIA AL CAMARÓN, PERO LE GUSTA LA ESCLAVITUD

Vamos a considerar otra extraña ley bíblica, tomada de nuevo del libro de Levítico en el Antiguo Testamento. Esta dice que no deberías comer camarones. Hay muchos memes en línea que citan a Levítico 11:9–11: "En cuanto a los animales que viven en el mar o en los ríos, comerán los que tienen aletas y escamas. Los demás animales que hay en el agua no los comerán. Les prohíbo estrictamente que los coman, o que toquen sus cuerpos muertos". Basados en una lectura simplista de estos versículos bíblicos, un crítico argumentaría que Dios no quiere que comamos camarones o langostas. Este es uno de los muchos versículos bíblicos que se usan para afirmar que los cristianos no conocen sus Biblias ni las cosas locas que dice (lo cual a menudo es verdad). O se usan para ilustrar cómo los cristianos escogen los versículos bíblicos que les gustan para respaldar sus opiniones políticas o éticas, mientras que ignoran otros versículos bíblicos (como estos). El objetivo es demostrar que la Biblia es un libro arcaico lleno de refranes locos para así desacreditar todo lo que dice.

Los críticos tienen listas similares de cosas que la Biblia presuntamente prohíbe, junto con los versículos bíblicos que lo dicen. Aquí van algunos ejemplos:

- No comer camarones o langostas (Levítico 11:10).
- No comer cerdo (Levítico 11:7).
- No mezclar dos tipos de telas, como una hecha con una mezcla de poliéster y otras fibras (Levítico 19:19).
- No tatuarse (Levítico 19:28).

> ➤ No hacerse cortes de pelo en redondo (Levítico 19:27).

Para la persona promedio de hoy todas estas cosas aparentan estar dispuestas al azar, y naturalmente nos preguntamos por qué la Biblia prohíbe estas cosas. ¿Cómo podemos darles un sentido a estas prohibiciones?

La selección de comidas es un proceso que está asociado a la cultura y la época, y la Biblia refleja esa realidad. Para entender el propósito de las regulaciones alimenticias en el Pentateuco hay que estar conscientes de la importancia de la higiene, los procesos de preparación de alimentos y la disponibilidad de alimentos en las diversas regiones del mundo. La finalidad del mensaje bíblico es la salud y el bienestar del pueblo.

Pregunta: ¿Dios dice que los tatuajes están mal? ¿O cortarte el pelo como los Beatles?

Aun si estamos tentados a descartar la prohibición de la Biblia de cosas como tatuajes, algunos cortes de cabello y comer camarones, es difícil ignorar algo como la esclavitud. ¿Por qué la Biblia parece prohibir estas cosas y luego parece abogar por un mal como la esclavitud? Hay versículos, como Éxodo 21:20–21, que dice: "Si un hombre golpea a su esclavo y le da muerte, debe ser castigado. Sin embargo, si el esclavo no muere en un par de días, el ofensor no será castigado, porque el esclavo es propiedad suya". Esto está claramente mal, pero la Biblia parece indicar que está bien golpear a un esclavo siempre y cuando el esclavo no muera. El permiso, y tal vez la promoción, de la esclavitud invita a un enojo entendible. Grupos ateos han alquilado carteles publicitarios para citar versículos bíblicos tanto del Antiguo como del Nuevo Testamento para sugerir que la Biblia está a favor de la esclavitud. Todo esto hace que la Biblia parezca loca y malvada. ¿Cómo podemos entender estas cosas?

MI BIBLIA MUY MORADA

El fundamento de estas preguntas es el siguiente: ¿es la Biblia fiable y fidedigna? No me gustaría ser guiado por un libro que no sea la verdad, ni quisiera pasar tiempo tratando de convencer a otros de seguir un libro lleno de mentiras y falsas "verdades". Una de las razones por las que escribí este libro es porque creo que la Biblia es verdad, y creo que hay respuestas razonables para cada una de estas preguntas. Solo toma un poco de esfuerzo ir más allá de la superficie.

Cuando leo mi Biblia, hago dibujos y subrayo palabras. Uso lápices de colores y he desarrollado un código de colores para subrayar. Cualquier cosa que es positiva, de ánimo o para recordar la subrayo con azul. Un versículo bíblico que es una advertencia o algo a lo que debo ponerle atención, lo subrayo con rojo. Algo teológico, lo subrayo con amarillo. Algo acerca de profecía, lo subrayo con verde. Las cosas extrañas y raras las subrayo con morado. Si vieras las páginas de mi Biblia, verías mucho morado en ella.

Hay versículos, como los que hemos leído, que parecen aprobar de esclavitud, la poligamia, el matar pájaros para curar moho, los rituales sangrientos y la violencia extrema, que implica matar personas y animales. Casi todas las páginas tienen algo morado, especialmente en el Antiguo Testamento. Pero sin importar cuánto morado hay, sigo creyendo y confiando completamente en lo que la Biblia enseña. Cuando te sumerges y miras debajo de la superficie, incluso un versículo extraño o desagradable comienza a tener sentido. Recuerda: "Nunca leas *un* versículo bíblico". Tenemos que hacer el trabajo difícil de entender el contexto completo, y eso es lo que haremos al examinar más de cerca estas preguntas acerca de los camarones, la piel de un cerdo muerto y la esclavitud.

Para estudiar la Biblia debemos utilizar todos los recursos disponibles: por ejemplo, diversas versiones, libros de exégesis, diccionarios, enciclopedias, mapas, computadoras… Ningún recurso educativo sobre los diversos trasfondos de la Biblia sobra en el deseo de comprender el mensaje de las Sagradas Escrituras.

CAPÍTULO 5

EL ARTE DE (NO) ESCOGER (SOLO ALGUNOS) VERSÍCULOS BÍBLICOS

He estudiado la Biblia. Por eso soy ateo.

"Sociedad 'No escojas solo los versículos bíblicos que te convienen'".

-**Meme**

COSAS EXTRAÑAS DE DIOS QUE SON CONFUSAS, VERGONZOSAS Y QUE PARECEN ANTI-JESÚS

Para muchas personas de hoy, leer versículos bíblicos con mandamientos y leyes extrañas e incluso horripilantes puede ser confuso e incluso desconcertante. Algunos versículos no tienen sentido o incluso parecen contrarios a como nos imaginamos que es Dios. Como muchos de estos versículos están en los libros de la Biblia del Antiguo Testamento, como Éxodo, Levítico y Deuteronomio, necesitamos ver lo que estaba sucediendo en esos libros más específicamente. Para aplicar los principios de la primera sección de este libro, necesitamos no leer solo un versículo bíblico y recordar que la Biblia fue escrita para nosotros, pero no a nosotros. Empezando con estos dos principios, pondremos atención a algunos detalles que pueden hacer una diferencia grande para poder entender los versículos acerca de no comer camarón, no usar dos tipos de telas o no tocar un balón de fútbol.

¿A QUIÉN SE ESCRIBIERON ESTOS VERSÍCULOS?

SÍ, DIOS DIO ALGUNAS LEYES MUY RARAS PARA LOS ESTÁNDARES DE HOY. PERO LOS ANTIGUOS ISRAELITAS, A QUIENES FUERON ESCRITAS ESTAS LEYES, SABÍAN BIEN LO QUE DIOS ESTABA HACIENDO.

¿A quién se escribieron estos versículos? A los antiguos israelitas. Muchos de los versículos que hemos mencionado vienen de los libros de Éxodo y Levítico en el Antiguo Testamento. La audiencia original de estos libros, los antiguos israelitas, vivieron aproximadamente hace tres mil quinientos años. Cada libro de la Biblia fue escrito a un grupo específico de personas en un lugar específico, y al ver nuestra línea del tiempo de la Biblia de la primera parte, podemos ubicar dónde caben estas leyes en la historia mayor.

Los libros de Éxodo y Levítico fueron escritos a los israelitas después de que Dios los rescató de cuatrocientos años de esclavitud en Egipto. Aunque no sabemos las fechas específicas en que estos eventos sucedieron, sabemos que sucedieron aproximadamente entre el 1550 y 1069 a.C. Durante estos cuatro siglos, las personas vivían en una tierra donde se adoraba a muchos dioses y diosas. Dios ahora los está guiando fuera de Egipto, a la "tierra prometida", donde Dios construiría su templo, donde el rey David reinaría, y a través del linaje de David, el Salvador del mundo, Jesús, finalmente nacería. En los planes a largo plazo, había un futuro importante para el pueblo de Israel, a través de quien el mundo entero sería bendecido.

La Biblia hebrea se escribió para orientar al pueblo hebreo que salió de la esclavitud de Egipto para llegar y vivir en la Tierra Prometida. Posteriormente, ese mensaje fue actualizándose en contextos diferentes, para llegar a las nuevas generaciones de israelitas. Sin embargo, esos mensajes antiguos tienen enseñanzas y recomendaciones que superan las realidades del tiempo, la geografía y la cultura.

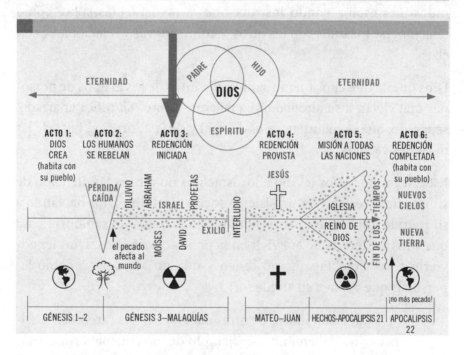

Cuando Dios estaba guiando a Israel fuera de Egipto, a la tierra nueva, ellos se encontraron con grupos de personas que adoraban a otros dioses y diosas y practicaban todo tipo de cosas malvadas: ritos sexuales degradantes, miembros de la familia que se prostituían y ofrendas de sacrificios de niños. Dios no quería que Israel se volviera como los otros países, así que hizo que Moisés escribiera guías amorosas y restricciones para mantenerlos separados y distintos de las otras naciones. Dios no quería que los israelitas vivieran como lo hacían las personas que adoraban y seguían a diferentes dioses.

En los primeros cinco libros de la Biblia, Dios instruyó a Moisés para que escribiera la historia del origen del pueblo de Israel, para enseñarles que fue Dios quien creó todo, y no los otros dioses de Egipto u otros pueblos. Él estaba dejando en claro que es el único Dios verdadero, y que los otros dioses y diosas de Egipto no debían ser adorados. Les estaba dando instrucciones a los israelitas sobre cómo relacionarse los unos con los otros, y cómo adorar y relacionarse con él.

Dios quería que ellos fueran santos, distintos de los grupos de personas que vivían a su alrededor. La palabra "santo" significa apartado, separado, que se mantiene lejos del mal y de la adoración falsa de las naciones vecinas.

Estas leyes que Dios les dio a los israelitas no tenían la intención de simplemente establecer un sistema social ideal. Era Dios hablando a su mundo antiguo e instruyéndolos con códigos de sabiduría para que ellos supieran qué era vivir en la presencia de Dios. Dios les advierte a los israelitas que no cedan y que no se vuelvan como las personas que viven a su alrededor:

> ➤ "No adorarán dioses de otras naciones ni les ofrecerán sacrificios; no deben imitar el ejemplo de esos pueblos paganos".[1]

> ➤ "No dejen que vivan entre ustedes, porque yo sé que ellos los contaminarán con su pecado de adorar a dioses falsos, y eso sería la ruina de ustedes".[2]

> ➤ "No harás tratados de paz con los pueblos que viven en esa tierra, porque son idólatras que me han rechazado para

---

1. Éxodo 23:24
2. Éxodo 23:33

ofrecer sacrificios a sus dioses. Si haces amistad con ellos, entonces, cuando presenten los sacrificios a sus dioses, te invitarán a participar, y te sentirás obligado a ir. Y aceptarás para tus hijos a sus hijas, que adoran a otros dioses, y tus hijos me abandonarán, y adorarán a los dioses de sus esposas".[3]

Este trasfondo provee el punto de inicio para analizar más de cerca los versículos bíblicos que hemos leído de Éxodo y Levítico, los que suenan a locura para nosotros.

> El tema del rechazo al politeísmo es fundamental en el Pentateuco, ya que los hebreos, al salir de las tierras faraónicas de la esclavitud, van a interactuar con otros pueblos y culturas que adoraban a diferentes divinidades locales. Ante esa realidad teológica desafiante, la Biblia destaca no solo el monoteísmo como una experiencia de fe válida, sino la naturaleza celosa de ese único Dios que no comparte la adoración con otros dioses ni otras imágenes.

¿POR QUÉ NO PODÍAN PLANTAR DOS TIPOS DE CULTIVOS JUNTOS O USAR DOS TIPOS DE TELAS EN ESE ENTONCES?

En el último capítulo, vimos un versículo que declara algunos castigos extremos por plantar diferentes cultivos uno junto a otro o por usar ropa hecha con dos tipos de tela. Deuteronomio 22:9–11 dice: "No sembrarás semillas diversas entre las hileras de tu viña. Si lo haces, los sembrados y las viñas deberán entregarse como ofrenda a

---

3. Éxodo 34:15–16

Dios. No ararás con un buey y un burro en el mismo yugo. No uses ropa tejida con dos tipos de hebra (por ejemplo, lana y lino)".

Hay un versículo similar en Levítico 19:19. El libro de Levítico es más o menos un manual de instrucciones escrito para los sacerdotes y el pueblo, para que pudieran entender. ¿Por qué Dios está repetidamente diciéndoles que no mezclen dos tipos de cosas diferentes? Dios está queriendo que permanezcan santos, apartados de las otras personas que viven a su alrededor para que no practiquen cosas horribles. Los grupos de personas alrededor intencionalmente mezclaban dos cosas como parte de su adoración a dioses falsos. Hay una fuerte probabilidad de que las prohibiciones contra mezclar diferentes tipos de semillas, animales y materiales juntos estaban diseñadas para desalentar y prevenir a los israelitas de imitar las prácticas del culto de la fertilidad de los cananeos.[a]

Cuando vemos las restricciones acerca de no mezclar telas para hacer ropa, encontramos que las prendas de los sacerdotes y las telas usadas en el tabernáculo de ese tiempo (el tabernáculo era el lugar de adoración previo al templo) estaban hechas de lana y lino —dos diferentes tipos de materiales.

Solo los sacerdotes podían usar este tipo de ropa de telas mezcladas. Las restricciones respecto a la ropa no eran simplemente preferencias de moda o de estilos. Eran requisitos que distinguían lo que un sacerdote debía usar cuando estaba guiando al pueblo en adoración a su Dios santo. Dios quería que su pueblo tuviera una identidad distinta, que se mantuviera santo y que no imitara los ritos de fertilidad de los países vecinos. Dios estaba proveyendo un fundamento y una estructura para los roles de líderes de adoración al hacerlos ser distintos del pueblo. Estas leyes tenían un propósito y significado para las personas de ese tiempo.

Las instrucciones de no mezclar semillas o telas, posiblemente, aluden al deseo divino de no contaminarse con las prácticas paganas de algunas comunidades antiguas. Esas prohibiciones son el contexto básico para no contaminarse en la esfera religiosa con prácticas politeístas e idólatras.

¿POR QUÉ NO COMER CAMARÓN, TOCAR PIEL DE CERDO Y COCINAR UN CABRITO EN LA LECHE DE SU MADRE?

Levítico 11:9–11 dice que no coman crustáceos, lo que incluye no comer camarón. Pero ¿por qué está este mandamiento en la Biblia? Estas son leyes y restricciones dietéticas que clasifican a las comidas como puras e impuras. Una posible razón por la que estas comidas fueron restringidas era por razones generales de salud. Esta era una era pre científica, y es posible que Dios estuviera protegiendo a su pueblo de posibles enfermedades y daños. Cómo sabemos hoy, los camarones se alimentan por filtración y tienden a contener bacterias vivas si se comen crudos. Lo mismo con el puerco y varias otras carnes —si no las cocinas bien, te puedes enfermar gravemente.

Lo más probable es que esas restricciones se trataran de algo más que simplemente una vida saludable. La mayoría de los académicos concuerdan que Dios dio leyes dietéticas para mantener a las personas distintas y separadas de otros grupos de personas. Una de las maneras más prácticas de hacer esta distinción es haciendo distinta su dieta.

Dios quiere que su pueblo permanezca fiel a él, el único Dios verdadero. Estas restricciones eran maneras comunes de identificar su etnicidad y afiliación religiosa. Aun comprendiendo esto, hay ocasionalmente algunas restricciones muy extrañas. Un versículo raro en

Éxodo 23:19, repetido en Deuteronomio 14:21, dice: "No cocerán el cabrito en la leche de su madre".

Hay una teoría que se refiere a la costumbre cananea de hervir a una cabra bebé en la leche de su madre como un ritual de adoración. Era algo similar a un encantamiento de fertilidad.[b] Las personas creían que hervir a una cabra bebé en la leche de su madre calmaría a los dioses y les daría bendición para el crecimiento de su ganado.

Una de las razones posibles por las cuales Dios les dio esta instrucción es porque quería que los antiguos israelitas entendieran que lo que es santo debe mantenerse separado de lo que es impuro u ordinario. El participar en un ritual de adoración de fertilidad cananeo sería violar la santidad de Dios e invocar a otros dioses.

Esta prohibición tenía un significado más profundo para los israelitas antiguos. Ahora estamos en los tiempos después de Jesús, y ya no estamos bajo las leyes de los israelitas. Nunca lo estuvimos. Los cristianos pueden comer todo el camarón que quieran. Pueden usar todo tipo de telas mezcladas. ¿Por qué? Porque esos versículos bíblicos estaban escritos a un grupo específico de personas, en un lugar específico, para un período de tiempo específico y para un propósito específico. Usar estos versículos como un intento de desacreditar la Biblia simplemente nos muestra que no han leído la Biblia.

> Respecto a las leyes dietéticas en la Biblia, debemos recordar que el objetivo general era evitar la contaminación con las prácticas de otros pueblos, que tenían implicaciones religiosas.

ESTOS VERSÍCULOS BÍBLICOS TIENEN UNA RAZÓN DE SER

Quienes intentan convencernos de que la Biblia es irrelevante para nosotros hoy, usan la Biblia incorrectamente. Cuando alguien no está familiarizado con la Biblia, estas declaraciones pueden parecer muy convincentes. Para los cristianos que no saben de estos pasajes o no piensan mucho en ellos, la crítica puede convencerlos o al menos confundirlos. Estos ataques alegan que los cristianos son hipócritas cuando escogen seguir algunas partes de la Biblia, pero no otras.

Cuando tú conoces la historia completa de la Biblia y sabes dónde caben esos versículos en ella, todos estos argumentos se evaporan. Sí, Dios dio algunas leyes muy raras para los estándares de hoy. Pero los antiguos israelitas, a quienes fueron escritas estas leyes, sabían bien lo que Dios estaba haciendo. No hubiera sonado extraño ni raro para ellos.

SI ESTAS LEYES ERAN SOLO PARA ISRAEL EN ESE TIEMPO, ¿SE APLICAN A NOSOTROS HOY?

Cierro con un versículo popular que afecta a muchas personas hoy en día: no tatuarse (Levítico 19:28). El versículo completo dice: "No se harán cortes ni tatuajes en el cuerpo, para venerar a los muertos. Yo soy el Señor". La Biblia no está hablando acerca de nuestra práctica contemporánea de tatuajes, que involucra inyectar tinta bajo la piel para formar imágenes permanentes.

Los tatuajes de hoy en día implican algo artístico y típicamente se hacen para expresar una creatividad personal. Levítico no estaba hablando de tatuajes como esos. Dios estaba guardando a su pueblo de participar en las prácticas religiosas de los cananeos vecinos. Ellos acuchillaban sus cuerpos y los marcaban con hierro o tinta para propósitos ritualistas relacionados a la adoración de sus dioses. Tatuarse y marcar su cuerpo era un rito para honrar a los dioses y a los muertos. Dios les estaba prohibiendo las prácticas de adoración relacionadas con deidades falsas. Los tatuajes de hoy no son nada parecido a las prácticas prohibidas en Levítico, así que hoy no hay restricción en ponerte un tatuaje. Habiendo dicho esto, la Biblia nos enseña como algo fundamental que no debemos encontrar nuestro sentido y valor en mi apariencia o logros, así que si es por eso que te tatúas, en tal caso sí estarías yendo en contra de Jesús y sus enseñanzas.

El rechazo expreso a los tatuajes en la Biblia está fundamentado en que ese tipo de acto estaba dedicado a deidades antiguas. Más que un rechazo al acto de marcar el cuerpo era una respuesta teológica monoteísta en medio de una sociedad politeísta e idólatra.

¿POR QUÉ ESCOGER SOLO ALGUNOS VERSÍCULOS ES ALGO INTELIGENTE?

En el siguiente capítulo, veremos más de cerca de por qué estos versículos —que se escribieron específicamente a Israel— no son versículos que tengamos que seguir hoy.

Analizaremos la acusación de que los cristianos escogen de la Biblia aquellos versículos que les convienen, eligiendo seguir y afirmar los versículos bonitos con los que están de acuerdo al tiempo que ignoran los que son raros o confusos. Escoger partes de la Biblia no es bueno si vamos a afirmar las cosas que nos gustan. Sin embargo, necesitamos hacer elecciones estratégicas. La verdad es que hay razones buenas —no solo nuestras preferencias personales— por las cuales unos versículos deben ser seguidos y otros no. Es necesario elegirlos apropiadamente cuando sigues buenos métodos de estudio bíblico.

Las prioridades temáticas que los creyentes demuestran al leer la Biblia se fundamentan generalmente en necesidades personales o comunitarias. Hay textos que se encuentran en las Escrituras que, aunque pueden ser importantes y forman parte del canon escritural, no tienen aplicaciones inmediatas para los creyentes contemporáneos. A esos pasajes no hay que ignorarlos, sino estudiarlos bien en sus contextos inmediatos, para descubrir sus enseñanzas y disfrutar sus valores.

CAPÍTULO 6

ENTENDIENDO LO DEL CAMARÓN, LA PIEL DE UN CERDO MUERTO Y LA ESCLAVITUD

Haz todo lo que sea posible para presentarte ante Dios aprobado, como un obrero que no tiene de qué avergonzarse porque interpreta correctamente la palabra de Dios.

–2 Timoteo 2:15

Hemos visto cómo algunos de los versículos bíblicos que suenan locos tienen trasfondos que nos ayudan a entender mejor lo que significaban para las personas en el tiempo en que fueron dados. Dios no quería que tuvieran ciertas prácticas que podían comprometer su fe en Dios. Pero ¿qué pasa con algo que no es una prohibición, sino un aparente apoyo a la práctica de la esclavitud? ¿Por qué Dios permite algunas cosas y no otras en los tiempos del Antiguo Testamento? ¿Qué deberíamos estar haciendo hoy?

¿POR QUÉ SEGUIMOS ALGUNOS MANDAMIENTOS PERO NO OTROS?

Si creemos que algunas leyes eran específicas para Israel y que tenían sentido en ese tiempo, ¿por qué no las seguimos hoy? Muchos versículos que hemos estudiado en este último capítulo se encuentran en los mismos libros donde dice "No matarás" y "No robarás".[1] ¿Cómo sabemos cuál es válido para hoy y cuál no lo es? La respuesta a estas preguntas nos lleva de vuelta a la línea del tiempo de la Biblia.

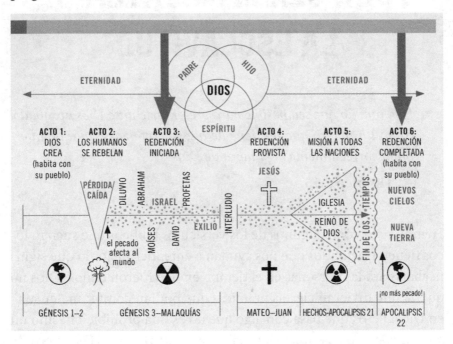

En la historia de la Biblia (figura 6.1), la flecha hacia abajo de la izquierda apunta a "Moisés". La época cuando estos versículos bíblicos fueron dados a los antiguos israelitas es alrededor del año 1350 a.C. Dios estaba instruyendo a los israelitas en cómo seguirlo y mantenerse santos mientras estaban entrando una tierra habitada por

---

1. Éxodo 20:13–15.

grupos de personas que adoraban a otros dioses. Luego vemos que la flecha grande salta a la derecha, a donde estamos hoy casi tres mil quinientos años después, en el lugar denominado "iglesia". Cuando Jesús vino, todo cambió y, desde el tiempo de Jesús en adelante tenemos que ver todo en la Biblia a través de un nuevo lente de interpretación. En el Antiguo Testamento vemos a Dios relacionándose con las personas de una manera. En el Nuevo Testamento tenemos un nuevo pacto con Dios a través de Jesús, una nueva forma en que los seres humanos se relacionan con Dios. El Antiguo Testamento y todas las cosas escritas en esta primera sección de la Biblia apuntan a nuestra plena necesidad de Jesús (Romanos 7:7–9; Gálatas 3:24). Cuando Jesús vino y murió en la cruz y resucitó, nos reveló un cambio mayúsculo en cómo nos relacionamos con Dios, y vemos este cambio reflejado en las enseñanzas del Nuevo Testamento. Podemos tener perdón y ser vistos como santos y apartados para Dios, no a través de lo que hacemos sino a través de lo que Jesús hizo.

Ya no hay necesidad de sacrificar animales, como lo hicieron los israelitas. Ya no hay necesidad de un templo; el Espíritu de Dios ahora habita en aquellos que ponen su fe en Jesús. Colectiva e individualmente, los seguidores de Jesús son "el templo". Ya no hay necesidad de estar atados a "la ley" (la sección que contiene los versículos de la Biblia que hemos estado viendo) porque Jesús empezó un nuevo pacto con Dios, y sus seguidores siguen las enseñanzas de este nuevo pacto, el Nuevo Testamento.

Cuando Jesús vino, hubo un reinicio, un cumplimiento y una expansión del Antiguo Testamento que introdujo una nueva y mejor manera de relacionarnos con Dios. Esto fue enseñado por Jesús y sus seguidores en el Nuevo Testamento. Cuando Jesús murió en la cruz, puso fin a la ley del Antiguo Testamento e introdujo una ley llamada "ley de Cristo".[2] Aquellos que quieran estudiar más, pueden leer acerca de este cambio en Gálatas 3:23–24; 6:2 y 1 Corintios 9:21.

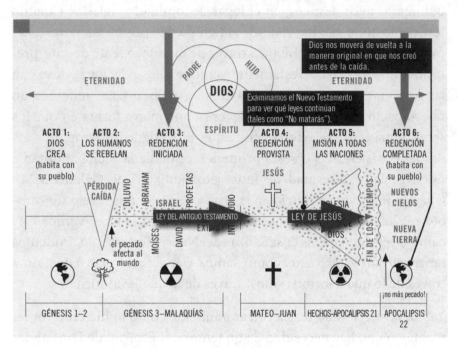

En la imagen 6.2, puedes ver que la flecha del Antiguo Testamento se detiene con la muerte y resurrección de Jesús, lo que significa que todas las leyes dietéticas y los extraños rituales de adoración y los sacrificios terminaron y ya no se requieren hoy. Pero luego una nueva flecha empieza con Jesús, lo cual significa el inicio de una nueva ley, la que debemos obedecer hoy, la ley de Jesús.

¿Qué es la ley de Jesús? Jesús enseñó que los mandamientos más grandes del Antiguo Testamento eran el "Amarás al Señor tu Dios con todo tu corazón, con toda tu alma y con toda tu mente...", y "... amarás a tu prójimo con el mismo amor con que te amas a ti mismo".[3] Si obedecemos estos dos mandamientos, estamos cumpliendo

---

2. Romanos 10:4; Gálatas 3:23–25; Efesios 2:15.

3. Mateo 22:37–39.

con lo que Dios le pide a su pueblo. Jesús dijo, "Los demás mandamientos y demandas de los profetas se resumen en estos dos mandamientos…".[4]

> Moisés le dio al pueblo el Decálogo, Diez Mandamientos de gran importancia ética, moral y espiritual. Jesús resumió esos mandamientos en dos: amar a Dios y al prójimo, que revelan la importancia de actuar en la vida fundamentados en el amor y la misericordia.

DEFINIENDO EL AMOR POR DIOS Y POR OTROS A TRAVÉS DEL NUEVO TESTAMENTO

Si queremos seguir a Jesús, debemos estudiar en profundidad el Nuevo Testamento para descubrir cómo se ve este "amor". A veces las personas dirán, "Yo solo quiero enfocarme en los más grandes mandamientos, amar a Dios y amar a otros". Pero debemos definir el "amor" en base al estudio de la enseñanza del Nuevo Testamento, no en nuestros propios términos o a través de nuestros propios valores culturales.

¿Cómo define Dios el amor? Necesitamos estudiar todo el Nuevo Testamento para comprender completamente lo que significa amar a Dios y amar a otros. El Nuevo Testamento define más claramente el amor que Dios requiere de nosotros y cómo nuestras vidas deben verse si queremos amar a Dios. Describe lo que significa seguir a Jesús y los mandamientos que debemos obedecer para una vida moral y ética, incluyendo cómo se ve el amar a otras personas.

---

4. Mateo 22:40.

Al igual que en los tiempos del Antiguo Testamento, cuando era tentador para Israel adoptar prácticas de adoración, morales y éticas de los grupos de personas a su alrededor, debemos resistir esta tentación también. El pueblo de Dios en el Antiguo Testamento quebrantó su pacto con Dios al permitir que la presión cultural los influenciara en maneras contrarias a la ley de Dios. Hoy ya no dependemos de las leyes que Dios estableció con Israel en el período de tiempo "pre-Jesús" para definir nuestra identidad distinta como pueblo de Dios. Vemos lo que Dios estableció en el período de tiempo "post Jesús". El Nuevo Testamento nos dice lo que significa amar a Dios con todas nuestras vidas y delinea las guías morales y éticas para vivir y adorar que Dios quiere que sigamos hoy.

> Como el amor es un valor de importancia capital en la Biblia, debemos entender que no se trata de un sentimiento superficial que se fundamenta en la conveniencia. El amor se basa en la revelación divina, que requiere respuestas humanas que manifiesten misericordia, paz, respeto y dignidad humana.

EL NUEVO TESTAMENTO ES UN NUEVO COMIENZO CON DIOS, PERO NO DESCARTAMOS EL ANTIGUO

Cuando Jesús vino como descendiente de Abraham, él enseñó que estaba aquí para "cumplir" los requisitos y el propósito de la ley. Hay cosas que Dios estableció en el Antiguo Testamento que continúan con Jesús en el Nuevo Testamento, y hay otras que terminaron, como las restricciones dietéticas. Una razón es que Jesús declaró que todas las comidas ahora son "limpias".[5]

---

5. Ver Marcos 7:17–23.

Otro ejemplo es del apóstol Pablo, cuando le escribe a un joven líder de la iglesia discutiendo sobre las personas que están poniendo restricciones en el matrimonio o la comida. Pablo escribe, "Todo lo que Dios hizo es bueno y nada debe desecharse si lo tomamos con agradecimiento a Dios, pues la palabra de Dios y la oración lo santifican".[6] Pablo está diciendo que la comida es buena. Él afirma que la evidencia de que somos distintos es tener un corazón agradecido con Dios, no restricciones dietéticas.

¿Qué pasa entonces con las restricciones de usar dos tipos de telas? Si tú ves los escritos del Nuevo Testamento "post Jesús" no ves nada acerca de las restricciones del tipo de tela usada en la ropa, ya que la ropa no era señal de tener un rol o una relación especial con Dios (como lo era con los sacerdotes del Antiguo Testamento). En vez de eso, el Nuevo Testamento nos dirige a ser modestos en lo que usamos.[7] No especifica tipos de materiales ya que no estamos tratando con el contexto del antiguo Israel.

EL NUEVO TESTAMENTO REVELA QUÉ PAUTAS DEL ANTIGUO TESTAMENTO CONTINÚAN HOY

No todas las leyes del Antiguo Testamento son descartadas. Muchas de las leyes morales o no ceremoniales continúan y son reforzadas en el Nuevo Testamento. Por ejemplo, el Antiguo Testamento dice, "No matarás", y eso no se termina con el Nuevo Testamento. Jesús afirma esto cuando dice que "asesinas" a alguien cuando odias a esa persona en tu corazón, y que esto está a la par con el asesinato físico ante los ojos de Dios. Jesús está preocupado por nuestros corazones, así que nos enseña la importancia de ver más allá de las acciones mismas para examinar el motivo o deseo detrás de la acción. Aquí va un

---

6.   1 Timoteo 4:4–5.

7.   1 Pedro 3:2–5; 1 Timoteo 2:9–10.

resumen muy útil del autor Tim Keller acerca del cambio que ocurrió con Jesús, y cómo podemos saber cuáles leyes del Antiguo Testamento han continuado en la enseñanza del Nuevo Testamento (y se aplican a nosotros hoy):

En resumen, la llegada de Jesús cambia cómo adoramos, pero no cómo vivimos. Las leyes morales delinean el carácter de Dios—su integridad, amor y fidelidad. Así que todo lo que el Antiguo Testamento dice acerca de amar a tu prójimo, cuidar al pobre, ser generosos con nuestras posesiones, nuestras relaciones sociales y el compromiso con nuestra familia sigue vigente. El Nuevo Testamento continúa prohibiendo matar o cometer adulterio, y toda la ética sexual del Antiguo Testamento está reafirmada a lo largo del Nuevo Testamento (Mateo 5:27–30; 1 Corintios 6:9–20; 1 Timoteo 1:8–11). Si el Nuevo Testamento ha reafirmado un mandamiento, entonces sigue vigente para nosotros hoy.[a]

Así que, aunque muchas de las leyes del Antiguo Testamento ya no son válidas hoy, algunas sí lo son, en particular aquellas que tratan con comportamientos morales detallando cómo tratamos a otros, incluyendo el asesinato y la ética sexual. Cuando a Jesús se le pregunta acerca del divorcio y el matrimonio, él no adopta la ética contemporánea romana y griega de su tiempo, sino que ve la intención de Dios en la creación original, tal como vemos en los capítulos 1 y 2 de Génesis.

En general, las leyes acerca del orden de la nación israelita (leyes civiles), leyes acerca del sacrificio del templo y adoración (leyes ceremoniales) y restricciones dietéticas (algunas leyes de santidad) ya no son necesarias ahora que Jesús ha venido. El Nuevo Testamento y las enseñanzas de Jesús nos enseñan cómo es amar y adorar a Dios, y a nuestro prójimo como a nosotros mismos.

USAR MEZCLA DE POLIÉSTER, COMER CAMARÓN, DISFRUTAR DEL JAMÓN Y JUGAR FÚTBOL AMERICANO

Así que cuando escuchamos o leemos una referencia a versículos diciendo que los cristianos no deben comer camarón o cerdo o usar ropa hecha de dos telas diferentes, como una mezcla de poliéster y otras fibras, tú sabes por qué esas reglas ya no son válidas. Cuando las personas se burlan o buscan desacreditar la Biblia al señalar esto, todo lo que muestran es su falta de entendimiento. Es fácil tomar versículos raros del Antiguo Testamento y decir que los cristianos están rompiendo las reglas al no seguirlas. Pero lo que realmente demuestran es su falta de comprensión de la historia de la Biblia, y la diferencia entre el pacto original que Dios hizo y el nuevo pacto.

¿Y QUÉ CON LOS VERSÍCULOS SOBRE LA ESCLAVITUD EN AMBOS TESTAMENTOS?

Hay versículos bíblicos que parecen indicar que Dios no se opone a la esclavitud. No hay un versículo en la Biblia que diga "detengan toda la esclavitud inmediatamente". Esta es una crítica entendible de la Biblia, y cuando veas versículos de la Biblia hablando de esclavitud en memes o carteles, tómalo muy seriamente.

Puede que veas versículos como estos:

En el Antiguo Testamento:

> ➤ "Si alguien adquiere un esclavo…" (Éxodo 21:2).
> ➤ "Si un hombre vende a su hija como esclava…" (Éxodo 21:7).

Y en el Nuevo Testamento, versículos como:

> "Esclavos, obedezcan a sus amos humanos; sírvanles de buena gana, con respeto y sinceridad de corazón..." (Efesios 6:5).

> "Enseña a los esclavos a obedecer a sus amos en todo y a tratar de complacerlos; aconséjales que no sean respondones" (Tito 2:9).

En nuestro contexto moderno, simplemente leer estos versículos y ver que están en la Biblia nos hace estremecer de horror y confusión. No podemos evitar preguntarnos si Dios aprueba la esclavitud. Puede que sientas que la Biblia es malvada por avalarla.

La esclavitud es un tema serio. Nuestro propósito es entender mejor cómo leer estas extrañas y raras partes de la Biblia. Reflexionar un poco nos ayudará a comprender estos pasajes:

LA ESCLAVITUD ES MALÉVOLA

Tomar a una persona contra su voluntad y obligarla a volverse la propiedad de otro es algo malévolo. Sabemos al leer la Biblia que, como resultado de la caída, la infección del pecado causa que los seres humanos tiendan al ego, la acumulación de poder y la corrupción. La esclavitud es una de las muchas maneras en que los seres humanos se han alejado de la perfecta creación de Dios.

DIOS REGLAMENTÓ UNA CONDICIÓN PREEXISTENTE QUE LAS *PERSONAS* CREARON

De acuerdo con el Antiguo y Nuevo Testamentos, la esclavitud está mal. En Éxodo 21:16 hay una condena clara para el que rapta a alguien para hacerlo su esclavo: "El que secuestre a una persona y la venda, o lo sorprendan con ella en su poder, deberá morir". Y en el Nuevo Testamento, en 1 Timoteo 1:9–10, dice: "La ley no fue instituida para los justos sino para los rebeldes y desobedientes… para los que trafican con vidas humanas, para los mentirosos y los que juran en falso. En fin, la ley es para todo lo que está en contra de la sana enseñanza".

El comercio de esclavos está mal y es condenado en la Biblia. Así que, ¿por qué hay versículos acerca de la esclavitud que parecen sugerir que Dios la permite? Dios no creó la institución de la esclavitud. La esclavitud estaba por todos lados en el mundo antiguo, arraigada en las instituciones económicas y sociales de ese tiempo. Dios trabajó dentro del contexto cultural de ese momento para empezar un largo proceso de transformación que llevaría las personas a alejarse de cualquier forma de esclavitud.

> **DIOS NO CREÓ LA ESCLAVITUD, Y LO QUE ENCONTRAMOS EN LA BIBLIA ES UN PROCESO EN EL QUE DIOS LLEVA A LAS PERSONAS DE VUELTA A UN ESTÁNDAR DE MAYOR RESPETO Y DIGNIDAD.**

Los seres humanos, no Dios, desarrollaron la esclavitud. Para ver el diseño original que Dios tenía para los seres humanos, antes de que estos lo estropearan todo, simplemente necesitamos contemplar la Creación en el jardín del Edén. Jesús fue un modelo de esto para nosotros cuando le preguntaron acerca del matrimonio y el divorcio. Él envió a aquellos que hacían las preguntas de vuelta al principio, para así recordar cómo Dios había creado originalmente a las personas, antes que los seres humanos se rebelaran contra Dios y alteraran la estructura original.[8]

Lo mismo es verdad con respecto a la esclavitud. Dios no creó la esclavitud, y lo que encontramos en la Biblia es un proceso en el que

---

8. Mateo 19:1–9.

Dios lentamente lleva a las personas de vuelta a un estándar de mayor respeto y dignidad para todos. Te daré algunos ejemplos de lo que quiero decir con esto, pero ten en mente esta idea clave: Dios no es el creador de la esclavitud.

LA ESCLAVITUD EN NUESTRA CULTURA NO ES LA MISMA QUE EN LA BIBLIA

En general, cuando pensamos en la esclavitud, pensamos en los males de la esclavitud racial en el Nuevo Mundo y el comercio de esclavos a través del Atlántico. Esta forma de esclavitud involucraba el secuestro y trabajo forzado. Era algo malévolo. Sin embargo, este tipo de esclavitud, si bien existía en tiempos antiguos, no era común ni predominante.

Los esclavos que vivían en el tiempo de Moisés eran como sirvientes o siervos

En las traducciones modernas de la Biblia, no siempre se usa la palabra "esclavo". Muchas traducciones usan la palabra "siervo". Las dos situaciones eran muy diferentes.

En Israel antiguo, era común venderte a ti mismo como esclavo para pagar una deuda o escapar de la pobreza

En ese entonces, era común para los pobres venderse a sí mismos para escapar de la pobreza o pagar una deuda. Cuando te vendías a ti mismo a alguien como sirviente, significaba que tus necesidades básicas estaban cubiertas. Y aunque había una relación de dueño-sirviente, no era idéntica a la esclavitud basada en lo racial y que comenzaba con un secuestro.

Al leer versículos como Éxodo 21:7 ("Si un hombre vende a su hija como esclava...") debemos entender lo que pasaba en ese tiempo. Vender a tu hija suena hoy increíblemente perverso para nosotros, y no estoy justificándolo ni apoyándolo, pero esto era como las cosas funcionaban normalmente en ese mundo, y Dios les da estas instrucciones para reforzar y proteger a las personas en ese contexto. Probablemente un padre vendía a su hija porque no quería que ella muriera de hambre o fuera abandonada. En ese tiempo, las opciones eran limitadas, y a menudo se trataba de optar entre la vida y la muerte. La Biblia está reconociendo que si un padre se encuentra a sí mismo en una situación donde esto era necesario (por razones comunes en ese tiempo), debía hacerlo porque así la protegía y preservaba su dignidad. Por lo tanto, vemos que eran intentos de idear maneras de proteger a aquellos que estaban en situación de servidumbre. Pero un padre no podía vender a su hija para ser dada en prostitución o para darle placer físico a alguien. Ella tampoco podía ser desechada como una cosa, como algo que el nuevo dueño ya no deseaba. Debía tratarla como a un miembro de su familia, y si el matrimonio no era una posibilidad, entonces al cabo de un tiempo debía ser liberada.

Esta era una forma diferente de esclavitud; generalmente se hacía de manera temporal con el fin de sobrevivir o incluso de lograr salir de la pobreza. Recuerda que Dios ordenó la pena de muerte para aquellos que secuestraran personas y las hicieran esclavas suyas (lee Éxodo 21:16 y 1 Timoteo 1:10). Cuando la Biblia discute la esclavitud, generalmente está hablando del tipo de esclavitud establecida para que las personas pagaran sus deudas (Levítico 25:39). Cuando vemos la esclavitud en el contexto del mundo antiguo, necesitamos desprogramar nuestras definiciones acerca de ella, y redefinirla de acuerdo con lo que significaba en ese mundo.

La esclavitud del Nuevo Testamento era común: una tercera parte de la población eran esclavos

La esclavitud en los tiempos del Nuevo Testamento es un mundo que no podemos imaginar, y tenemos problemas para entenderlo. Estos esclavos podían servir como doctores y abogados, podían ir a la escuela y ser educados. Era un contexto cultural diferente; más de una tercera parte de la población del mundo grecorromano vivía como esclava o era sirviente. Cuando leemos los versículos bíblicos acerca de esclavos o sirvientes en el Nuevo Testamento, también tenemos que ver qué se está diciendo realmente a través del lente cultural de ese tiempo.

La esclavitud no era racial

Cuando hablamos de esclavitud podemos pensar en la injusta esclavitud de las personas de África. Ese tipo de esclavitud estaba basada en la raza. Sin embargo, en el antiguo Israel o en el tiempo del Nuevo Testamento, la esclavitud era económica. En el Antiguo Testamento, Dios estableció un límite de tiempo para pagar la deuda que te había llevado a venderte a ti mismo. Deuteronomio 15:12–14 dice: "Si alguno de tus hermanos hebreos, hombre o mujer, se vende a ti como esclavo, deberás darle la libertad al final del sexto año de haber estado en tu propiedad y no deberás despedirlo con las manos vacías. Dale un buen regalo de despedida que consista en parte de tus ganados, aceite y vino. Dale en proporción a lo que el Señor tu Dios te haya bendecido". Al final de los seis años, no solo debían ser liberados y perdonados, sino que recibirían una recompensa para que no empezaran su nueva vida de cero.

El tema de la esclavitud es un buen ejemplo de prácticas antiguas tradicionales que se incluyen en la Biblia. Esas leyes o costumbres, como la esclavitud, fueron superadas con el tiempo para dignificar al ser humano, ya que la esencia misma de las personas es la imagen de Dios, y la esclavitud no permite que esa especial imagen divina se manifieste de manera óptima en las personas.

AUNQUE NO LO PAREZCA, LA BIBLIA TRAJO CAMBIOS POSITIVOS A LA ESCLAVITUD ANTIGUA

Es difícil entender un tiempo en que las personas se vendían a sí mismas o a sus familiares para pagar deudas o para evadir los estragos de la pobreza. Es claro que los humanos establecieron la esclavitud. Y Dios estaba dando regulaciones para limitar la maldad de aquello que los humanos habían hecho. Dios estaba buscando un mejor trato para los esclavos en Israel que el que se les daba en las culturas fuera de Israel. Levítico 25:43 (NVI) dice: "No serás un amo cruel, sino que temerás a tu Dios". Cuando leemos versículos bíblicos acerca de la esclavitud, nos están ofreciendo una guía, pero esta siempre tuvo la intención de mejorar lo que ya existía. Aquí hay dos ejemplos:

1. Matar a un esclavo amerita castigo (Éxodo 21:20).

2. Los esclavos heridos de forma irreversible debían ser liberados (Éxodo 21:26–27).

3. Perdonar la deuda después de seis años de labor (Deuteronomio 15:12–14).

Estas directivas bíblicas eran significativamente diferentes del trato normal de los esclavos en ese tiempo; era parte del proceso de Dios de llevar gradualmente a las personas a una relación más digna entre esclavos y amos.

EN EL NUEVO TESTAMENTO, VEMOS A DIOS MOVER AL PUEBLO LEJOS DE LA ESCLAVITUD

Pablo el apóstol escribe una carta a un dueño de esclavos llamado Filemón respecto a un esclavo suyo llamado Onésimo, quien había escapado de él y a quien está mandando de regreso. Pablo le pregunta a Filemón que no solo reciba a Onésimo (después de que huyera y robara dinero de su amo), pero que lo recibiera "ya no como esclavo sino como algo mucho mejor: como hermano amado... Ahora tienes razón para apreciarlo mucho más, no solo como persona sino también como tu hermano en el Señor".[9] Pablo no quiere que Filemón castigue a Onésimo; le está diciendo que Onésimo ahora es su hermano en el Señor. Pablo queda a punto de pedirle explícitamente que libere a Onésimo; no lo hace, pero está implícito en lo que dice. Él está poniendo en claro que Onésimo debe ser tratado como un hermano en Cristo y expresa su deseo de que Onésimo obtenga la libertad para ayudar en el ministerio de Pablo.

En otros lugares del Nuevo Testamento vemos una equiparación entre esclavos y libres, tratándolos como iguales. Gálatas 3:28 dice, "Ya no importa si eres judío o griego, esclavo o libre, hombre o mujer. Todos ustedes son uno solo en Cristo Jesús". En un mundo donde una tercera parte de la población eran esclavos, ¡esto era revolucionario! Dios está salvándonos de los efectos de la caída y reafirmando la verdad original de nuestra creación, que todos los seres humanos son creados en su imagen y son iguales. No debía haber diferencia entre esclavos y libres. Dios está cambiando cómo los seres humanos se ven unos a otros. Cuando este cambio penetra los corazones y mentes de los seguidores de Jesús, lleva a cambios en la cultura. Esto empieza con Dios queriendo que su pueblo experimente cómo Dios los ve en realidad, como portadores de su imagen.

---

9. Filemón 16.

El rechazo a la esclavitud se revela en la Biblia, de forma destacada, en las narraciones del éxodo del pueblo hebreo de Egipto. Esos relatos ponen en evidencia clara que el Dios bíblico rechaza los cautiverios y odia las cadenas. Todo lo que cautiva a las personas o las desmerece, no proviene de Dios ni muestra la esencia de la voluntad divina.

¿POR QUÉ LA BIBLIA NO DICE "QUE SE ACABE TODA LA ESCLAVITUD"?

No podemos saber por qué Jesús no dijo: "¡No más esclavitud!" No sabemos por qué no habló directamente de esta práctica. Algunos suponen que en ese tiempo esto hubiera llevado a un colapso económico. En general, Jesús no se enfocó en leyes civiles o en gobiernos específicos, sino que habló de los deseos y motivos del corazón humano. Admito que hubiera hecho las cosas mucho más fáciles si hubiese dicho: "¡Dejen ir libres a todos los esclavos!" Pero no lo hizo. Lo que sí encontramos en la Biblia es una progresión de la instrucción. El Antiguo Testamento dio una guía para proteger a los esclavos y darles dignidad. Esto distinguió a Israel de las otras naciones. El Nuevo Testamento va un paso más allá, declarando que independientemente de si alguien es esclavo o no, son iguales, son hermanos y hermanas en Jesús.

Dos ideas fundamentales guían esta progresión. La primera es que Dios nos creó originalmente a su imagen y todos los seres humanos tienen valor a causa de esto. Lo segundo es que en el nuevo pacto todos aquellos que siguen a Jesús ahora son parte de la misma familia, hermanos y hermanas, y esto tiene prioridad sobre todas las distinciones sociales, económicas, raciales o de género.

UN RESUMEN DE LAS LEYES

La Biblia nos enseña cómo entender los versículos entre los periodos de tiempo "pre Jesús" y "pos Jesús". Así que come camarón, cocina tocino,[b] juega al fútbol americano, usa poliéster mezclado con otras fibras y planta dos diferentes semillas lado a lado en tu jardín.

Dios no creó la esclavitud ni la respaldó en la Biblia. Los humanos crearon la esclavitud. Dios dio regulaciones y guías para mejorar las condiciones de las personas atrapadas como esclavos en este sistema malvado. La forma de esclavitud durante el tiempo de la Biblia era una necesidad para que algunas personas sobrevivieran a las condiciones socioeconómicas de ese tiempo. Tomar y resaltar versículos bíblicos del Antiguo y Nuevo Testamento que incluyen la palabra "esclavitud" es un mal uso de la Biblia. Podemos agradecer a Dios que la esclavitud hoy es universalmente vista como un mal, y que los cristianos están uniformemente unidos en la lucha contra ella.

PARTE 2 - RESUMEN

COSAS EXTRAÑAS

> Las leyes y rituales que suenan extraños, incluyendo no comer camarón y no usar dos tipos de tela, eran específicamente para el pueblo de Israel durante el período de tiempo pre Jesús.

> La ley no fue dada para obtener un sistema social ideal. Era para mostrar a los israelitas qué significa vivir en la presencia de Dios. Estas leyes contemplaban muchos hechos que eran familiares a ellos en su cultura y mundo, cosas que los ayudarían a entender qué significaba amar más a Dios y, como resultado, amar más a las personas.

> Los cristianos hoy en día no tienen que seguir las extrañas leyes del Antiguo Testamento. Tenemos que examinar el Nuevo Testamento para ver qué leyes del Antiguo Testamento aplican hoy, y cuáles no. Aunque la mayoría de las leyes civiles y de adoración ya no son válidas, gran parte de las leyes morales continúan siéndolo.

> La esclavitud es algo malo. Dios no la creó ni la respaldó. Dios especificó la pena de muerte para los que trataban esclavos en el Antiguo Testamento, y en el Nuevo Testamento claramente dijo que era un pecado. Los versículos bíblicos acerca de la esclavitud nos guían en cómo tener un mejor trato

con las personas encerradas en un sistema que fue establecido por seres humanos.

> La mayoría de la esclavitud antigua en los tiempos del Antiguo y Nuevo Testamentos era diferente a la esclavitud que conocemos en tiempos modernos. En esa época, las personas eran compradas por dinero como sirvientes, o bien una persona se ofrecía como esclava para saldar así su propia deuda. La pobreza forzaba a algunos a la servidumbre solo para sobrevivir.

> El Nuevo Testamento puso el fundamento para que finalmente cayera la esclavitud, ya que enseñaba que todos los seres humanos tienen el mismo valor; todos son hermanos y hermanas, y todos son hijos de Dios.

La comprensión adecuada de estas tradiciones debe tomar en consideración las culturas antiguas en el Oriente Medio, además de entender que, un presupuesto fundamental de estas leyes o prácticas, estaban relacionadas con las divinidades locales y los ídolos de los pueblos. Como el Dios bíblico rechaza la idolatría, rechaza también estas costumbres que se desprenden de esas convicciones politeístas.

PARTE 3

¿LA BIBLIA ES ANTIMUJERES Y PROMUEVE LA MISOGINIA?

CAPÍTULO 7

LA BIBLIA PARA EL CLUB
DE HOMBRES

Me sorprende ver a mujeres cristianas defender una Biblia que denigra a las mujeres.

-Seth Andres, excristiano, fundador de "El Ateo Pensante"

Cuando me hice cristiano, la primera iglesia de la cual fui miembro regular era una iglesia pequeña en Londres, Inglaterra. Experimenté una increíble comunidad en una pequeña iglesia de cerca de veinte personas, la mayoría, de edad. Ellos me integraron en su comunidad y me empezaron a enseñar acerca de Jesús.[a] El pastor y su esposa tenían ochenta años, y aunque el pastor era el líder de la iglesia, su esposa conocía la Biblia muy bien y me enseñó mucho. Muchas de las mujeres mayores en esa iglesia tenían mucho conocimiento bíblico y respondían mis preguntas. Vi a hombres y mujeres siendo líderes, enseñando y sirviendo juntos.

Cuando volví a Estados Unidos, asistí a una iglesia grande y muy diferente de la iglesia en Londres. Había anfitriones en las puertas ultra felices, chocando cinco; alguien introvertido sentiría pánico de tener que chocar su mano con alguien a quien no conocía. Encontré otra puerta para poder así evadir a los anfitriones felices, y leí el boletín de la iglesia mientras esperaba que el servicio empezara. No pude evitar notar que todos los pastores y ancianos[b] eran hombres.

La mitad de los asistentes eran mujeres, pero era una iglesia dirigida exclusivamente por hombres. Esto me llamó mucho la atención. Al involucrarme en la vida de esa iglesia, vi que detrás de escena las mujeres dirigían áreas del ministerio, y la mayoría del tiempo parecían tener las mismas funciones que los hombres. Eran altamente respetadas, pero solo los hombres tenían títulos de "pastor" o "anciano". Pero no pensé mucho más sobre el tema.

Un día, en una reunión en casa con algunos jóvenes adultos, surgió el tema de las mujeres en el liderazgo de la iglesia. Teníamos un panfleto que tenía citas de versículos para explicar la postura de la iglesia.²

Decidimos buscarlos y leerlos en voz alta. Una mujer leyó: "La mujer debe aprender en silencio y humildad. No permito que la mujer enseñe a los hombres ni que ejerza sobre ellos dominio. Más bien, debe guardar silencio".¹ Recuerdo el sentimiento incómodo que empezó a esparcirse en la habitación. Alguien leyó el otro versículo que decía: "Las mujeres deben guardar silencio en las iglesias, pues no les está permitido hablar. Deben estar sumisas, como lo declaran las Escrituras. Si desean preguntar algo, pregúntenselo al esposo cuando lleguen a la casa, porque no es correcto que las mujeres hablen en la iglesia".²

Fue desconcertante escuchar estos versículos y luego tener todos los ojos puestos en mí. En la habitación había varias estudiantes universitarias estudiando economía y ciencias de la computación, y una de ellas estaba haciendo un doctorado en microbiología. Estos versículos nunca se habían discutido en la iglesia. ¿Los estábamos simplemente ignorando? Y ¿qué les iba a decir a estas estudiantes

---

1. 1 Timoteo 2:11–12.

2. 1 Corintios 14:34–35.

inteligentes y educadas, sentadas en mi sala, que se quedaban mirándome fijamente?

Estaba avergonzado de que esos versículos estuvieran en la Biblia. Estudiando me di cuenta de que estos versículos eran simplemente la punta del iceberg. Cuando empiezas a leer la Biblia en su totalidad encontrarás otros versículos que en la superficie suenan muy degradantes para las muje-

> **ES INCÓMODO HABLAR DE AQUELLOS VERSÍCULOS QUE PARECEN DEGRADAR A LA MUJER. DEBES ESTUDIAR, YA NO ES UNA OPCIÓN.**

res: "Las mujeres deben someterse a sus esposos al igual que se someten al Señor. Porque el esposo es cabeza de la esposa, de la misma manera que Cristo es cabeza y salvador de ese cuerpo suyo que es la iglesia".[3]

El Antiguo Testamento tiene más versículos así:

> - Padres teniendo la posibilidad de vender a sus hijas, como propiedad suya, a otros hombres (Éxodo 21:7–11).
>
> - Si una mujer es violada, debe casarse con su violador (Deuteronomio 22:28–29).
>
> - Muchos ejemplos de poligamia, donde los hombres tienen múltiples esposas y concubinas (mujeres sirvientas con quienes pueden tener placer físico); incluso héroes bíblicos como David, Abraham y otros (Génesis 16:1–3; Jueces 8:30; 2 Samuel 5:13; 1 Crónicas 14:3).

Si eres un cristiano pensante en el mundo de hoy, o alguien que está considerando el cristianismo, debes estudiar más al respecto.

---

3. Efesios 5:22–23.

Versículos como estos ahora se comparten en internet, y si no tienes una respuesta cuando te pregunten acerca de ellos, necesitarás una.

> De importancia capital en las narraciones bíblicas es notar cómo, en culturas donde las mujeres no tenían papeles protagónicos en la sociedad, varios personajes femeninos ejercen un liderato especial y distinguido en sus comunidades. Entre esas mujeres se pueden identificar las siguientes: Eva, Rut, Nohemí, Débora, María de Nazaret, María Magdalena, Elizabet, solo por mencionar algunas. Esa dignificación de las mujeres es una contribución magistral de la Biblia para la historia de la humanidad.

LAS MUJERES, QUE GUARDEN SILENCIO, Y HÁGANLES PREGUNTAS A SUS ESPOSOS EN CASA

Las personas que critican a la Biblia suponen que los cristianos no la conocen realmente. Versículos en 1 Timoteo 2, Tito 2 o 1 Pedro 3 se usan para desafiarte a leer la Biblia, y ver por ti mismo lo que realmente hay ahí. Estos versículos pueden ser incómodos de tratar.

Vivimos en una cultura que está peleando contra la desigualdad de las mujeres y está buscando afirmar los mismos derechos, respeto, paga, importancia y valor. Debemos levantar nuestra voz en contra de la misoginia. Es incómodo hablar de aquellos versículos bíblicos que parecen degradar y devaluar a la mujer. Estos han estado siempre en la Biblia. Pero las personas están poniéndoles atención y preguntándose si los cristianos realmente creen en ellos.

Si eres un cristiano pensante o alguien que está considerando el cristianismo, debes estudiar estos versículos. Tal vez eres como yo, que nunca había pensado mucho en esto. Pero ya no es una opción; estos versículos demandan una explicación. Un amigo mío no cristiano dijo que la Biblia parece enseñar que la iglesia es un club para hombres. Sin embargo, si pones atención en cómo esos versículos se ubican dentro del contexto general de la Biblia, cambiará significativamente cómo los entendemos.

CAPÍTULO 8

NO PUEDES MANTENER A UNA BUENA MUJER ABAJO

Las mujeres deben guardar silencio en las iglesias, pues no les está permitido hablar. Deben estar sumisas, como lo declaran las Escrituras. Si desean preguntar algo, pregúntenselo al esposo cuando lleguen a la casa, porque no es correcto que las mujeres hablen en la iglesia.

–1 Corintios 14:34–35

Para entender los versículos bíblicos que suenan misóginos, tal como este, necesitamos volver a nuestra guía "nunca leas un versículo bíblico". Vamos a comenzar viendo cómo encajan estos versículos en la historia completa de la Biblia. Comprobaremos que la Biblia no es en absoluto anti mujeres; de hecho, es todo lo opuesto.

EN EL PRINCIPIO, NO HABÍA VERSÍCULOS BÍBLICOS QUE SONABAN ANTIMUJERES

Cuando volvemos a la historia de la Biblia, recordamos que en el principio Dios creó al hombre y a la mujer. Los creó distintos, pero iguales, y estaban en perfecta armonía y relación con Dios y el uno con el otro. En Génesis 1:27-28 dice: "De modo que Dios creó a los seres humanos a su imagen. Sí, a su imagen Dios los creó. Y Dios los creó hombre y mujer. Luego Dios los bendijo y les dijo: 'Tengan muchos hijos, para que llenen toda la tierra, y la administren. Ustedes dominarán a los peces del mar, a las aves del cielo, y a todos los animales que hay en la tierra'". Adán y Eva reciben la responsabilidad y misión compartidas de cuidar lo que Dios había creado. El diseño original de Dios es que el hombre y la mujer gobiernen juntos en comunidad el uno con el otro para avanzar en los propósitos de Dios en la tierra.

Hay algunas preguntas que surgen cuando leemos esta frase en Génesis 2:18: "Dios el Señor dijo: 'No es bueno que el hombre esté solo. Le voy a hacer una compañera que sea de ayuda para él en todas sus necesidades'". Este versículo *no* indica que la mujer es menor que el hombre cuando dice que es "de ayuda" para el hombre. Cuando pensamos en "ayuda", pensamos en un asistente o en alguien subordinado. "Ayuda" se traduce de la palabra hebrea *ezer*, que aparece en el Antiguo Testamento comúnmente refiriéndose a Dios. Dios claramente no es inferior a aquellos que ayuda. Dios creó al hombre y a la mujer para que no estuvieran solos, sino que tuvieran a alguien que de igual manera reflejara la imagen de Dios.

Génesis 2 dice que Dios hace que el hombre se quede dormido y remueve una de sus costillas, creando a Eva a partir de esta. No se refiere a una "costilla" literal. La palabra para "costilla" se traduce del hebreo *tslesa*, y se traduce como "lado". En el libro de Éxodo las palabras *tselo* (variante) y *tselot* (plural) se usan para referirse a los lados del arca del pacto o los lados del altar. Dios creó a Adán y Eva para ser una hermosa imagen de dos partes iguales, lado a lado, sin subordinación ni desigualdad. No eran idénticos, pero eran iguales. Estaban juntos, sirviendo a Dios en comunidad, sin jerarquía, machismo ni poligamia. No hay allí chistes de "mujeres en la cocina". En el principio, fueron diseñados para servir a Dios juntos, como semejantes, "uno en la carne".[a]

La subvaloración de las mujeres, desde la perspectiva teológica, es producto del pecado, pues en las narraciones de la creación Dios creó a Adán y Eva con los mismos valores y dignidad. La desobediencia fue el germen que incentivó el maltrato de las mujeres en la sociedad. Desde la perspectiva cultural, el trato a las mujeres puede variar, pero una gran afirmación paulina es que en Cristo los hombres y las mujeres tienen el mismo nivel.

LA IGUALDAD SE ROMPE Y TODO CAMBIA

Pero entonces… pasó. El hombre y la mujer no confiaron en Dios. Fueron contra su guía y todo cambió. La triste historia sucede en Génesis capítulo 3. Dios muestra cómo el pecado entró al mundo después de que Adán y Eva comieron del fruto del árbol del conocimiento del bien y del mal, y perturbaron la hermosa manera en que se relacionaban con Dios y el uno con el otro. Se les instruyó que no comieran de este árbol, pero lo hicieron. Y todo cambió.

Eva escogió comer la fruta primero. Génesis 3:6 deja en claro que Adán "estaba con ella". Tanto el hombre como la mujer participaron en este acto de desobediencia. La armonía de su relación cambió inmediatamente. La unidad fue quebrada y el virus del "pecado" se liberó en el mundo, y entró en primer lugar en el corazón humano. El hombre le dice a Dios en Génesis 3:12, "La mujer que me diste para que me acompañara me dio del fruto de ese árbol, y yo lo comí". Cuando Dios confronta a la mujer, ella admite que fue engañada y culpa a la serpiente "La serpiente me engañó, y por eso comí de ese fruto" (v.13).

Ante Dios, Adán y Eva son culpables, y ambos terminan sufriendo las consecuencias de sus acciones. Romanos 5:12 dice que Adán es responsable ya que fue creado primero, y Pablo le está escribiendo aquí a la iglesia romana para indicar que él es el representante principal de la raza humana. En 1 Timoteo 2, Pablo escribe que Eva fue engañada, no Adán. Pablo claramente creía que los dos eran culpables. Eran iguales delante de Dios y compartían la misma responsabilidad por sus acciones.

TODO CAMBIÓ Y EMPEZÓ LA DESIGUALDAD

Lo que pasa después es profundamente trágico. Una jerarquía reemplaza la armonía entre hombre y mujer de la creación original.

En Génesis 3:16–19, Dios describe lo que ahora experimentarán a causa de sus acciones. Su propósito original era "tengan muchos hijos", pero ahora la maternidad de la mujer sería acompañada de gran dolor. Dios los mandó a que "administraran la tierra", pero ahora el trabajo del hombre estaría acompañado de trabajo doloroso, de espinas y cardos. La supervivencia de cada día para el hombre y la mujer requeriría sudor, lucha y sufrimiento. La corrupción cambió la relación entre el hombre y la mujer. Dios le dice a la mujer "…seguirás deseando a tu marido, y él tendrá dominio sobre ti".[1] Vemos un cambio que pasa de la mutualidad e igualdad a una cultura patriarcal; un mundo de dolor y desastre debido al orgullo humano, al ego, poder y control —todo lo que era hermoso en la creación original es corrompido.

En esta consecuencia del pecado vemos que la poligamia se vuelve prevalente. Jacob, quien es el padre de las doce tribus de Israel, tiene doce hijos de cuatro mujeres diferentes, dos de las cuales son sus esposas y las otras dos son sirvientas de sus esposas. Salomón lleva esto a un extremo, con setecientas esposas y trescientas concubinas. Esto no es el deseo original de Dios. Es perversa la manera en que las

---

1. Génesis 3:16.

mujeres son vistas como una propiedad. Este período de la historia bíblica está lleno de gran tristeza y opresión.

El Antiguo Testamento tiene muchos versículos bíblicos donde las mujeres son identificadas como propiedad.[2] Vemos leyes de violación requiriendo que padres reciban un pago por los daños, y la víctima siendo forzada a casarse con su violador.[3] Las mujeres son consideradas botines de guerra que deben ser tomados por el ejército victorioso.[4] Aun cuando reconozcamos los resultados tristes y horrendos de la caída, y cómo impactó en la relación entre el hombre y la mujer, también vemos que Dios no abandonó a la mujer. Él estaba trabajando a través del tiempo, cambiando corazones para anular el efecto del pecado humano.

DESTELLOS DE IGUALDAD Y ESPERANZA EN UNA CULTURA PATRIARCAL

La caída afectó a la humanidad. Aun así, la Biblia nos muestra tiempos cuando la mujer fue tratada como Dios originalmente lo diseñó. Dios levantó a mujeres como profetisas, maestras, líderes y para servir de ejemplo tanto para hombres como mujeres. Aquí hay algunos pasajes que encontramos en la Biblia:

MIRIAM

Miriam, junto con sus hermanos Moisés y Aarón, guio a Israel fuera de Egipto. Dios los envió para hacer esa tarea. Le dio a Miriam un rol

---

2. Éxodo 20:17; Deuteronomio 5:21; Jueces 5:30.

3. Deuteronomio 22:28–29.

4. Números 31:32–35; Deuteronomio 20:14; 21:10–14; Jueces 5:30; 21:11–23.

mayor: traer a su pueblo Israel de vuelta a la tierra que les prometió. Miqueas 6:4 afirma su rol cuando Dios dice:

Acuérdate que yo te libré de Egipto rompiendo las cadenas de tu escla-vitud. Envié a Moisés, a Aarón y a Miriam para que te guiaran.

Miriam era una líder y profetisa. Ella estaba profetizando como una portavoz de parte de Dios para hombres y mujeres, y sus palabras son ahora parte de las Escrituras para que nosotros aprendamos hoy.

DÉBORA

En Jueces capítulo 4 conocemos a una mujer llamada Débora, que fue una profetisa, juez y líder militar de Israel. Ella los guio como mujer y profetisa de Dios, y se habla de ella con respeto y honor en las Escrituras. No se menciona nada de que ella esté ocupando roles que no le corresponden.

HULDÁ

En 2 Reyes 22 conocemos a una profetisa llamada Huldá. La historia cuenta que el rey Josías había dispuesto la reconstrucción del templo. Allí descubren el Libro de la Ley. Al leerlo, el rey y el pueblo estaban muy temerosos porque se dieron cuenta de lo lejos que se habían alejado de los caminos de Dios. El rey Josías necesitaba a alguien que le dijera qué significaban las Escrituras, así que el sumo sacerdote y los consejeros del rey consultaron a la profetisa Huldá. Scot McKni-ght escribe acerca de Huldá y dice: "Huldá no fue escogida porque no hubiera hombres disponibles. Es elegida porque ella es verdade-ramente excepcional entre los profetas".[b] Había otros profetas que pudieron haber sido escogidos, tales como Jeremías, Sofonías, Na-hum y Habacuc. Pero Josías no les pidió ayuda a estos hombres; en lugar de eso, escogió a Huldá. Ella tomó las Escrituras, les enseñó lo que significaban y profetizó. Su profecía se cumplió treinta y cinco años después.[5] Huldá habló de parte de Dios, y era una instructora, maestra y profeta, una portavoz de Dios.

PROVERBIOS 31

Proverbios es un libro que contiene una colección de sabiduría, y la sabiduría es personificada como una mujer en los capítulos iniciales. Proverbios termina con el retrato de una mujer que es descrita como trabajadora, que tiene un negocio y provee para su familia. Ella tiene empleados y es altamente respetada y valorada.

PROFECÍA DE JOEL

El profeta Joel, escribiendo cerca del final del período del Antiguo Testamento, provee una imagen del futuro de cómo el Espíritu de Dios claramente trabajará a través de hombres y mujeres. Leemos en Joel 2:28–29:

Después de haber derramado mis lluvias de nuevo, ¡también derramaré mi Espíritu sobre todos ustedes! Sus hijos e hijas profetizarán, sus ancianos tendrán sueños y sus jóvenes tendrán visiones de parte de Dios. Y yo derramaré mi Espíritu incluso sobre los esclavos y las esclavas.

OTROS EJEMPLOS DE MUJERES INFLUYENTES

Leemos la historia de Ester, que fue forzada a estar en el harén del rey de Media y Persia, y luego a casarse con él; era alguien con un carácter fuerte, que se levantó con gran valentía en un tiempo de crisis

---

5.   2 Reyes 22

para detener la masacre planeada del pueblo judío. Vemos a Ruth, una mujer de integridad y honor. Hay muchos otros ejemplos en el Antiguo Testamento de mujeres que amaron a Dios y fueron un ejemplo para nosotros.

Debemos recordar que hay más cosas sucediendo durante este período. Sí, la mayoría de los líderes y voces eran hombres debido al mundo patriarcal. En medio de este mundo dominado por los hombres, vemos a Dios usar a mujeres para representarlo con autoridad como profetisas, maestras y líderes. Cuando el Antiguo Testamento termina, entramos en una nueva era de cambio que directamente confronta a este mundo donde las mujeres son oprimidas. Todo comienza cuando Jesús aparece en escena.

ENTENDIENDO LA MANERA EN QUE LAS MUJERES ERAN TRATADAS EN TIEMPOS DE JESÚS

Cuando Jesús nació, él vivió su vida como un ejemplo y como un maestro. Murió en la cruz y resucitó, y poco tiempo después nació la Iglesia. Una nueva era comienza con Jesús. Él cambió todo.

Cuando la iglesia nace, vemos trabajar al Espíritu de Dios a través de los seguidores de Jesús. El Espíritu de Dios ya no está limitado a unas cuantas personas en el templo de Jerusalén; habita en todos los que han puesto su fe en Jesús. Vemos a Jesús, y luego a sus discípulos y la Iglesia, continuar la trayectoria de restauración de las intenciones originales de la creación de Dios. El mundo en el que vivimos hoy, con los valores culturales de equidad para hombres y mujeres, son producto de Jesús y sus seguidores.

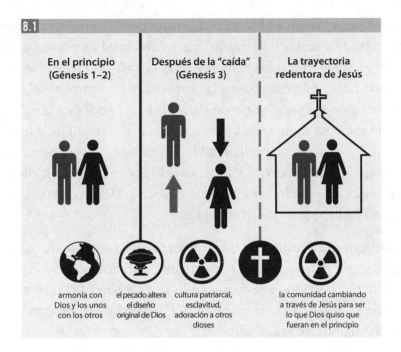

La actitud prevalente hacia la mujer entre la mayoría de los judíos de ese tiempo no era positiva. Jesús vivía en una cultura donde las mujeres generalmente no eran tratadas con el mismo respeto, valor e importancia que los hombres. Sabemos esto por las oraciones de ese tiempo. Por ejemplo, aquí hay una oración real que los líderes rabínicos recitaban todos los días: "¡Alabado sea Dios que no me creó gentil [un no judío]! ¡Alabado sea Dios que no me creó mujer! ¡Alabado sea Dios que no me creó un ignorante!".[c]

La cultura judía era patriarcal y a menudo mantenía a las mujeres en roles subordinados a los hombres. En el matrimonio, el hombre tenía la ventaja. Si una esposa le desagradaba a su esposo, él podía divorciarse —ella no tenía el mismo derecho. Josefo, el historiador judío del primer siglo, escribió: "La mujer... es en todas las cosas inferior al hombre". Otros textos rabínicos del tiempo de Jesús decían: "Cuatro igualdades están atribuidas a la mujer: son glotonas, chismosas, flojas y celosas".[d]

Pero estos sentimientos acerca de los roles de los hombres y mujeres eran comunes en las culturas griega y romana. Los poetas griegos escribían sobre cómo las mujeres eran la raíz de la maldad en el mundo.[e] La ley romana ponía a la esposa bajo el control absoluto del esposo, quien era propietario de ella; él tenía el poder de la vida y la muerte sobre su esposa, así como lo tenía sobre sus hijos. Entre los griegos, las mujeres no podían hablar en público.[f] Las excepciones a esto solían ser mujeres que habían nacido en un hogar con riquezas o que habían logrado un alto estatus social. Debido a su riqueza, podían evadir algo de discriminación.

Lo que Jesús hizo respecto a las mujeres fue algo contracultural, muy impactante y extremadamente desafiante para los líderes religiosos de su tiempo. Vemos a Jesús pujando por cambiar la cultura en la que vivía a través de la manera en que trataba a las mujeres —con respeto, dignidad e igualdad.

JESÚS, EL RABÍ QUE SE JUNTA CON MUJERES

Jesús es llamado "rabí" varias veces en el Nuevo Testamento,[6] palabra que significa "maestro". En nuestra cultura hoy, "rabí" se refiere a alguien entrenado profesionalmente para el liderazgo religioso en una sinagoga, pero en el tiempo de Jesús el término fue uno de dignidad, dada por los judíos a sus maestros espirituales. A los rabinos judíos del tiempo de Jesús se les inculcaba no enseñar o siquiera hablar con mujeres. La literatura de sabiduría judía decía que "el que habla mucho con las mujeres trae mal a sí mismo, y descuida el estudio de la Ley y al final heredará Gehena [infierno]".[g] Y ¿qué hizo Jesús? Exactamente lo opuesto.

---

6. Mateo 26:49; Marcos 9:5; 10:51; 11:21; 14:45; Juan 1:49; 3:26; 9:2, etc.

JESÚS HABLÓ CON MUJERES, AUN MUJERES ESCANDALOSAS

En el Nuevo Testamento destaca el momento en que Jesús está pasando a través de la ciudad de Samaria.[7] Esta historia muestra a Jesús rompiendo varias costumbres. Era contracultural para un judío religioso, especialmente para alguien visto como un rabí, el siquiera estar en la ciudad de Samaria. Normalmente, un judío religioso o un rabí viajaría por alrededor de Samaria, para no entrar en ella. Al estar en esta ciudad, Jesús estaba rechazando las disputas religiosas y políticas de su época.

Jesús va a un lugar conocido como el "pozo de Jacob", donde una mujer samaritana viene por sí sola. El que estuviera sola al mediodía podría ser una indicación de que el resto de las mujeres del pueblo no la querían. Jesús va contra las normas culturales al hablar con una mujer, y que además es samaritana. Aún más, aprendemos que la mujer ha tenido cinco esposos y está con un hombre que no es su esposo.[8] Jesús no solo habla con ella, habla abiertamente de teología y discute de Dios con ella.

> **JESÚS PUDO HABERSE APARECIDO A CUALQUIERA DESPUÉS DE SU RESURRECCIÓN, PERO ESCOGIÓ REVELARSE A SÍ MISMO PRIMERO A UNA MUJER.**

Sabiendo el trasfondo cultural, puedes imaginar el shock de los discípulos de Jesús cuando volvieron y lo encontraron en el pozo hablando con esta mujer. La Biblia lo dice de una manera minimizada, pero el shock está ahí cuando leemos en Juan 4:27, "En eso llegaron sus discípulos. Aunque se sorprendieron de verlo hablando con una mujer, no se atrevieron a preguntarle por qué lo hacía ni de qué estaba hablando con ella". Ellos probablemente estaban tan confundidos

---

7. Juan 4:1–42.

8. Juan 4:18

que no supieron qué decir. Y este incidente no es el único que encontramos en la Biblia. Hay varias historias de Jesús hablando con y preocupándose por varias mujeres. Personas con las que un líder religioso de su tiempo no se relacionaría.[9]

JESÚS ESCOGIÓ A UNA MUJER COMO LA PRIMERA PERSONA A LA QUE LE REVELARÍA QUE ÉL ERA EL CRISTO

Cuando lees la historia, te das cuenta de que la mujer samaritana es la primera persona a quien Jesús le revela que él es el Cristo.[10] Jesús elige revelar el corazón de su misión e identidad a una mujer. Él terminó quedándose en ese pueblo de Samaria por varios días. Que se quedara ahí, que comiera comida samaritana y les enseñara era algo inconveniente y peligroso. Pero Jesús estaba más preocupado por la verdad que enseña la Escritura acerca de las personas que por las opiniones humanas y los prejuicios culturales.

JESÚS VIAJÓ CON MUJERES

Esto puede sonar como algo irrelevante, pero vemos a Jesús rompiendo la norma en la manera en que viajaba. Él no solo estaba acompañado por sus seguidores hombres, sino también por varias seguidoras mujeres.[11] Normalmente, tener a estas mujeres viajando en el grupo hubiera sido visto como escandaloso.[h] Irónicamente, las mujeres de este grupo viajero eran las que proveían los bienes financieros para que ellos viajaran juntos.[12]

---

9. Juan 7:53–8:11; 12:3

10. Juan 4:26.

11. Lucas 8:1–3.

12. Lucas 8:3.

JESÚS USÓ METÁFORAS FEMENINAS COMO UNA ILUSTRACIÓN DE DIOS

En Lucas capítulo 15, Jesús enseñó una secuencia de tres parábolas acerca de qué tan valiosas son las personas son para Dios. En una parábola, él usa a una mujer buscando una moneda perdida, comparando a Dios con una mujer que está de rodillas buscando la moneda. En otra ocasión, Jesús se describe metafóricamente con características femeninas cuando dice que anhela juntar a su pueblo bajo sus alas como una gallina lo hace con sus polluelos.[13]

JESÚS SE APARECIÓ PRIMERO A LAS MUJERES DESPUÉS DE SU RESURRECCIÓN

Jesús pudo haberse aparecido a cualquiera después de su resurrección, pero escogió revelarse a sí mismo primero a una mujer.[14] Tener a mujeres como las primeras en descubrir que su cuerpo no estaba y reportarlo era algo muy inusual. Las Escrituras dicen cómo Jesús resucitado les encargó ser las que les dijeran a los otros discípulos que él estaba vivo. De acuerdo con la ley judía, las mujeres no tenían derecho a ser testigos ante la ley. Aun así, Jesús les dio la tarea honorable de ser las primeras en verlo resucitado, y las primeras en contarle a otros al respecto.

La forma en que Jesús trató a las mujeres se convirtió en un ejemplo extraordinario para los discípulos, las iglesias y la humanidad. En medio de una cultura que las subestimaba y siendo parte de una religión que las subvaloraba, Jesús rompió con esas

---

13. Lucas 13:34.
14. Lucas 24:1–11.

dinámicas de cautiverio y dio un buen ejemplo de reconocimiento y aprecio al papel de la mujer en la sociedad.

LA IGLESIA EXTIENDE LO QUE JESÚS EMPEZÓ A TRAVÉS DE HOMBRES Y MUJERES

Después de que Jesús resucitó y ascendió al cielo, nace la Iglesia, cuando el Espíritu Santo vino con poder sobre aquellos que pusieron su fe en Jesús. El período de la iglesia primitiva fue marcado por hombres y mujeres trabajando en un compañerismo redentor para difundir el evangelio. El primer evento público de la nueva iglesia es un sermón dado por Pedro recordando al pueblo de Israel las palabras del profeta Joel. En Hechos 2:17–18 Pedro cita a Joel para explicar lo que está sucediendo en ese momento con los hombres y mujeres que recibieron al Espíritu Santo: "En los postreros días —dijo Dios—, derramaré mi Espíritu sobre toda la humanidad, y sus hijos e hijas profetizarán, sus jóvenes verán visiones y sus viejos soñarán sueños. Sí, el Espíritu vendrá sobre mis siervos y siervas, y ellos profetizarán".

Desde el inicio de la Iglesia, se les recuerda a las personas que algo viene para cambiar la cultura discriminatoria y patriarcal a su alrededor. Aquí hay algunos ejemplos de cómo esto sucede:

PABLO HONRÓ A LAS MUJERES

Pablo fue el autor de al menos trece libros del Nuevo Testamento, y en Romanos 16, Pablo menciona los nombres de las personas que trabajaban en compañerismo para afianzar el trabajo de la misión de la Iglesia de esparcir las buenas noticias de Jesús. Muchos de los nombres mencionados son mujeres. Al leer estos nombres, debe notarse que Pablo incluye comentarios acerca de algunas mujeres, tales como: "Ella ha ayudado mucho a otras personas y a mí mismo". Pablo también menciona que Priscila y su esposo arriesgaron sus vidas por él. Claramente, no está diciendo que las mujeres simplemente ayudaron en la cocina y sirvieron café y galletitas dulces a los hombres. Las mujeres estaban en el centro, ayudando a lanzar y liderar este nuevo movimiento. Estas incluían a:

Febe

Pablo describe a Febe como una diaconisa en Romanos 16:1–2: "Les recomiendo a nuestra hermana Febe, diaconisa de la iglesia de Cencreas. Recíbanla muy bien en el Señor, como debemos hacerlo con los hermanos en la fe. Ayúdenla en todo lo que puedan, porque ella ha ayudado mucho a otras personas y a mí mismo".

La manera en que Pablo recomienda a Febe es consistente con la manera en que el escritor de la carta recomendaría a la persona a cargo de la tarea de entregar la misiva. Era quien la leería y luego contestaría las preguntas de los destinatarios. Esta responsabilidad tan significativa fue confiada por Pablo a una mujer. Piensa en eso: lo más probable es que la primera exposición de la carta de Pablo a los romanos fue hecha por una mujer.

Priscila y su esposo, Aquila

Pablo conoció a este increíble matrimonio en Corinto. Ellos luego viajaron con él a Éfeso, donde lo dejaron para continuar el trabajo que había comenzado. Ahora bien, aparentemente estaban ministrando juntos en Roma. En Hechos 18:26 leemos que mientras estaba en Éfeso, invitaron a Apolo a su casa, donde "… Estos lo tomaron aparte y le explicaron con mayor exactitud el camino de Dios". Vemos a Pablo poniendo a Priscila en primer lugar, antes que a su esposo, Aquila, cuando describe su relación de enseñanza con Apolo.

No hubiera sido común que una esposa fuese nombrada antes que su esposo. Casi siempre, los esposos eran nombrados antes que sus esposas, y cuando no era así, el autor tenía razones para invertir el orden. Es muy probable que Priscila fuera una líder y maestra para que Pablo se dirigiera a ellos de esa manera.

Junia

En Romanos 16:6–7 (TLA), hay un pasaje fascinante que dice, "Saluden a María, que ha trabajado mucho por ustedes. Saluden a Andrónico y a Junia, que son judíos como yo, y que estuvieron en la cárcel conmigo. Son apóstoles bien conocidos, y llegaron a creer en Cristo antes que yo".

Pablo usa el título de "apóstoles" cuando describe a Andrónico y a Junia. Andrónico es probablemente un hombre, pero la mayoría de los académicos creen que Junia era una mujer. Algunas traducciones dicen "Junías" en lugar de "Junia", o bien dicen "Junias". Junías (con acento) hubiera sido el nombre masculino y Junia el femenino. Pero no hay ningún registro de nadie con el nombre Junías en los escritos griegos del primer siglo. Junia, sin embargo, era un nombre común de mujer y los escritos de la iglesia primitiva se refieren a Junia como mujer. Los mejores y más confiables manuscritos, así como los escritos de los líderes de la iglesia primitiva, indican que la persona a la que Pablo está recomendando como que es un apóstol es una mujer llamada "Junia", y no un hombre llamado "Junías". Así que lo más probable es que tengamos una mujer enlistada como apóstol aquí.

La referencia a Junia como apóstol en la literatura paulina es de fundamental importancia para la afirmación del liderato de la mujer en la iglesia. Ese reconocimiento paulino, unido a las formas en que las mujeres interactuaron con Jesús en su ministerio, ponen en evidencia clara que para Dios las mujeres pueden ejercer los ministerios para los cuales el Señor las llame y comisione.

EL ESPÍRITU SANTO DIO DONES A HOMBRES Y A MUJERES PARA SERVIR EN LA MISIÓN

Cada vez que vemos la lista de dones que el Espíritu de Dios da con el fin de capacitar a la iglesia para funcionar en la misión, no vemos que se haga ninguna distinción entre hombres y mujeres. Si lees esas listas, no verás esas etiquetas. Puedes ver ejemplos en Romanos 12:3–8, 1 Corintios 12:7–11, 27–31, Efesios 4:11–12 y 1 Pedro 4:10–12. El Espíritu Santo habita tanto en hombres como mujeres, y les da poder a ambos para servir en la misión de la iglesia.

Habiendo dicho esto, vemos diferencias en las creencias de algunas iglesias modernas acerca de si los hombres y mujeres pueden desempeñar los roles con títulos formales de "pastor" y "anciano", aquellos que guían y enseñan una iglesia local. Diferentes iglesias tienen estructuras distintas; algunas creen que las mujeres pueden servir como pastoras y ancianas, mientras que otras no. Tú puedes hablar con los líderes de tu iglesia local sobre lo que creen y por qué.

Te suplico —sin importar lo que creas sobre este tema— que no pelees por ello, ni pienses que aquellos que tienen una opinión diferente no toman a la Biblia en serio. Espero que este libro te desafíe a estudiar más sobre este tema.

Pero si estás en una iglesia que descaradamente degrada a las mujeres, hace bromas machistas y usa la Biblia para defender la misoginia, sal de ahí y encuentra una iglesia que honre a las mujeres como iguales ante los ojos de Dios.

UN DÍA VOLVEREMOS A LA MANERA EN QUE DIOS LO PLANEÓ

En el principio, Dios creó al hombre y a la mujer a su imagen para ser distintos, pero iguales. No había una jerarquía o misoginia en el principio. Pero los seres humanos fueron contra la guía de Dios, y estas explosiones nucleares de pecado llevaron a una gran caída que lo afectó todo relacional y espiritualmente. Vemos el inicio de la misoginia, el patriarcado y la desigualdad, y esto se ve de muchas maneras en la Biblia. Solo porque esté descrito en la Biblia no significa que Dios esté de acuerdo con ello, ni que lo haya creado.

Cuando Jesús vino, murió y resucitó, y el Espíritu de Dios dio nacimiento a la Iglesia, vemos que comienzan los cambios. El Nuevo Testamento muestra claramente que Dios no ve a las mujeres como subordinadas o de menor valor que los hombres. Las mujeres pueden servir con los dones que Dios les da, y un día, como lo muestra la línea del tiempo en el lado derecho de la figura 8.5, el período de la Iglesia terminará. Jesús regresará y Dios desplegará la creación de los nuevos cielos y la nueva Tierra. Lo que vemos en el futuro nos trae de vuelta al principio, a la armonía original del jardín del Edén, donde los humanos vivían como iguales. No habrá más pecado, ni siquiera el potencial del pecado. Y no habrá más luchas de poder entre hombres y mujeres o luchas por igualdad.

Esta corrupción que llevó a la desigualdad empezó con los seres humanos, y lo vemos reflejado en partes de la Biblia. Pero esto no significa que Dios aprueba lo que los humanos hicieron o la manera en que vivieron. Al contrario, vemos a Dios haciendo cambios, empezando por llevar las cosas de vuelta a la manera en que estaban en el principio.[i]

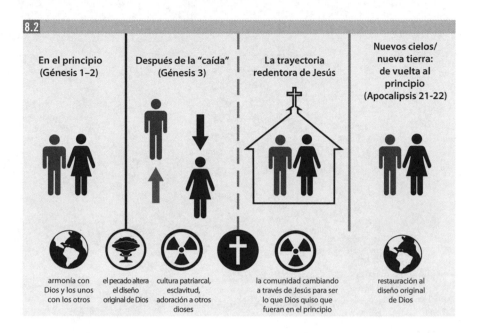

8.2

En el principio
(Génesis 1–2)

Después de la "caída"
(Génesis 3)

La trayectoria
redentora de Jesús

Nuevos cielos/
nueva tierra:
de vuelta al
principio
(Apocalipsis 21-22)

armonía con
Dios y los unos
con los otros

el pecado altera
el diseño
original de Dios

cultura patriarcal,
esclavitud,
adoración a otros
dioses

la comunidad cambiando
a través de Jesús para ser
lo que Dios quiso que
fueran en el principio

restauración al
diseño original
de Dios

CAPÍTULO 9
ENTENDIENDO LA DESIGUALDAD EN LA BIBLIA

Ya no importa si eres judío o griego, esclavo o libre, hombre o mujer. Todos ustedes son uno solo en Cristo Jesús.

-Gálatas 3:28

Acabamos de recorrer la historia bíblica para entender los orígenes de la desigualdad de género y de la misoginia, y cómo se desarrollaron a través del tiempo. Vimos cómo un día Dios restaurará la armonía que fue perdida en la caída y nos regresará a un estado como el del jardín del Edén. Lo que vemos en esa historia completa de la Biblia es que Dios no creó ni respaldó la misoginia ni la opresión femenina. Los seres humanos eligieron ir en contra del diseño original de Dios, donde los hombres y las mujeres fueron creados iguales. Los seres humanos torcieron ese diseño original y usaron su poder para establecer una jerarquía desigual sobre las mujeres. Sin embargo, Dios buscó regresar las cosas a su diseño original, lejos de las culturas patriarcales que los seres humanos habían creado. Necesitamos entender el trasfondo para poder interpretar los versículos individuales que son extraídos de la historia principal. Recuerda, nunca leas un versículo bíblico aisladamente.[a]

Vamos a estudiar algunos versículos bíblicos del Antiguo Testamento y luego del Nuevo Testamento. Aunque no podemos abarcar cada versículo sobre este tema, los mismos principios básicos se aplican para cualquiera de los otros pasajes que podamos ver en la Biblia.

SI UNA MUJER ES VIOLADA, ¿TIENE QUE CASARSE CON SU VIOLADOR?

Deuteronomio 22:27–29 es un versículo bíblico que suena a malvado, y que está siendo usado más y más para sugerir que la Biblia instruye hacer cosas malvadas y enseña que las mujeres son una mera propiedad. Estos versículos se escribieron para una cultura específica hace más de tres mil años; estaban destinados a un mundo con el cual no estamos familiarizados hoy. Este es un versículo que responde a una situación muy despreciable y desesperada. Y fue dado para *proteger* a la mujer.

En ese tiempo, una mujer soltera que había tenido relaciones sexuales era vista como que tenía menor valor. Esa era una creencia errónea desarrollada por seres humanos. En ese tiempo, una mujer no podía ser propietaria, y si no tenía padre, esposo o hijo, no tendría ninguna protección legal. Las opciones de una mujer estaban limitadas a venderse a sí misma como esclava o dedicarse a la prostitución. La violación era vista como algo malévolo, un crimen serio que merecía la pena de muerte; en Deuteronomio 22:25–27 leemos: "Pero si este hecho ocurre en el campo, solamente el hombre morirá. La muchacha es tan inocente como la víctima de un asesinato. Se da por sentado que ella gritó pero no hubo nadie cerca para oírla y librarla".

Dios iguala a la violación con el asesinato. En esta cultura, si una mujer era violada, ya no era vista como deseable para el matrimonio. Había pocas opciones disponibles para una mujer en ese tiempo, y sin esposo o familia propia, tendría poca esperanza para su futuro.

La violación es mala, violenta, perversa, y Dios estaba trabajando desde dentro de estas culturas, dando instrucciones para asegurar que una mujer sería resguardada y no desechada como resultado de un crimen cometido en contra de ella. Así se aseguraba que el violador proveyera para ella financieramente. Parece horriblemente cruel el siquiera considerar que quien violó a una mujer tendría que quedar relacionado a ella. Pero en ese mundo era el equivalente a ser demandado por la víctima, y a tener que darle apoyo financiero a esa mujer a la que había dañado. Si una mujer se volvía su esposa y parte de su familia, significaba que nunca podría divorciarse de ella. Esta era la manera de Dios de prevenir y desalentar el crimen.

Con todo esto en mente, es importante tener en cuenta que la ley que exigía a un violador casarse con su víctima no era algo forzoso para la mujer. Era su derecho legal, si ella así lo elegía; podía aceptar la ley y pedir matrimonio, o bien rechazarlo. Lo que leemos aquí es el mandamiento dado al violador (no a la mujer), que debía pagar cincuenta siclos, lo cual era una dote nupcial normal para una boda en ese tiempo, demostrando así que su valor no se había reducido debido a la violación. Estos mandamientos son dados al hombre, no a la mujer.[1]

Si lo examinamos culturalmente, vemos a Dios interviniendo para asegurarse de que una mujer no fuera abandonada cuando se cometiera un crimen contra ella. Usar este versículo sin hacer una mirada mayor a la Biblia y al antiguo mundo israelita es erróneo. Sí, puede usarse para hacer un gran meme o cartel, y es un tiro fácil a la Biblia, pero cuando lo examinamos detenidamente vemos lo que realmente es: una ley instituida para proteger al inocente que pasa por una situación horrible en el contexto de un mundo patriarcal.

---

1. Éxodo 22:16–17.

¿EL "MATRIMONIO BÍBLICO" ES TENER VARIAS ESPOSAS?

Otro grupo de versículos que constantemente vemos señalados son los que hablan de la poligamia en la Biblia. Estos pasajes se mencionan cuando los cristianos usan el término "matrimonio bíblico". Después de todo, si tú crees en el "matrimonio bíblico", ¿cómo explicas la poligamia? Parece ser común a muchos de los personajes y héroes del Antiguo Testamento. Pero ¿es eso el "matrimonio bíblico"? Es fácil ver por qué los versículos bíblicos que hablan de poligamia, concubinas y matrimonios forzados se comparten en línea y son usados para burlarse. La poligamia y el tener concubinas es un patrón consistente de varios personajes principales de la Biblia que son vistos como héroes de la fe. El rey David, Abraham, Gedeón y otros tuvieron múltiples esposas y concubinas.[2] La mayoría de las personas probablemente han oído del rey de todos los polígamos, Salomón, que tenía 700 esposas y 300 concubinas.[3] Todo esto nos hace plantearnos una pregunta honesta: ¿acaso Dios permite a los hombres casarse con múltiples mujeres, tomar concubinas por placer y tratar a las mujeres como una propiedad suya?

JESÚS NOS LLEVA DE VUELTA AL DISEÑO ORIGINAL DEL MATRIMONIO

¿Cuándo se originó la práctica de la poligamia y las concubinas, y por qué se incluye en la línea de tiempo de la Biblia? La historia de la creación muestra el plan de Dios para el matrimonio entre un varón y una mujer, volviéndose ambos "una sola carne".[4] Luego de la caída,

---

2. 1 Crónicas 14:3; 2 Samuel 5:13; Génesis 16:1–3; Jueces 8:30.

3. 1 Reyes 11:3.

4. Mateo 19:1–9.

inmediatamente vemos una espiral descendente de seres humanos rechazando el diseño original de Dios. En Génesis 4, Lamec, el hijo de Caín, tomó dos esposas, no una. Las prácticas de poligamia y concubinato se volvieron algo muy arraigado en la cultura. Algunos han sugerido que a causa de que estas prácticas eran tan populares, si Dios las hubiera prohibido por completo, hubiera llevado a que muchas mujeres fueran abandonadas en la pobreza y el hambre.

En el mundo antiguo, las opciones disponibles para las mujeres eran limitadas y muchas eran dependientes de los hombres para su seguridad y bienestar. No había un sistema de asistencia social, y si una mujer era rechazada dentro de un matrimonio polígamo y dejaba de ser concubina, ella simplemente se quedaba sin hogar. Ciertamente era algo malvado e injusto, pero esa era la norma.

La Biblia ofrece un comentario sutil acerca de estas prácticas. A menudo, los personajes que tuvieron múltiples esposas también tuvieron conflictos, discordias, competencia, angustia y relaciones desordenadas. Dios le habla a Salomón y le dice que sus muchas esposas lo han alejado de Dios, y como resultado eso lo ha llevado a adorar otros dioses.[5] El rey David causó un gran dolor a su familia —causando aun la muerte de un hombre inocente— después de abrazar varias relaciones polígamas. Tener más de una esposa nunca es visto como algo bueno.[6] El Cantar de los cantares muestra al matrimonio como el punto más alto del amor humano entre varón y mujer. Dios usa la metáfora del matrimonio para representar la relación entre él e Israel, y siempre es Dios y una nación, no muchas naciones.[7] En el último libro del Antiguo Testamento, Malaquías,[8] Dios da un ejemplo de matrimonio monógamo como representación de su intención

---

5. 1 Reyes 11:4–10.

6. 1 Samuel 18:27; 2 Samuel 11.

7. Isaías 54:5; Jeremías 3:14.

8. Malaquías 2:13–16.

de diseñar el matrimonio como un pacto sagrado. En el Nuevo Testamento, Jesús regresa al principio y enfatiza el matrimonio formado por un hombre y una mujer, volviéndose "una carne". Luego instruye que los líderes de la iglesia "han de tener una sola esposa".[9] Cada ejemplo y metáfora del matrimonio que se usa claramente instruye que el matrimonio sea entre dos personas, y no polígamo.[10]

La historia de la Biblia muestra que el diseño original del matrimonio era que dos personas, varón y mujer, de igual valor e importancia, entraran en un pacto matrimonial delante de Dios como "una sola carne".

Vivimos en un mundo caído, y la consecuencia de esto es la desigualdad entre ambos sexos, resultando en instituciones diseñadas por seres humanos tales como la poligamia y los hombres teniendo concubinas. Aun así, Dios, en su amor y gracia, trabajó con estos sistemas caídos para cuidar a las mujeres.

El acercamiento de Jesús al matrimonio superó su cultura y su tiempo, pues reafirmó la importancia de igualdad y el respeto de las mujeres, en el mismo nivel que los hombres. Esa comprensión del matrimonio y las mujeres debe haber sido fuente de tensión con las autoridades rabínicas en su ministerio.

¿LA BIBLIA DICE QUE LAS MUJERES DEBEN SOMETERSE Y ESTAR EN SILENCIO?

Las mujeres deben guardar silencio en las iglesias, pues no les está permitido hablar. Deben estar sumisas, como lo declaran las

---

9.   1 Timoteo 3:2,12; Tito 1:6.

10. Efesios 5:25–30; Apocalipsis 19:7–8.

Escrituras. Si desean preguntar algo, pregúntenselo al esposo cuando lleguen a la casa, porque no es correcto que las mujeres hablen en la iglesia.

-1 Corintios 14:34-35

La mujer debe aprender en silencio y humildad. No permito que la mujer enseñe a los hombres ni que ejerza sobre ellos dominio. Más bien, debe guardar silencio.

-1 Timoteo 2:11-12

¿Cómo respondemos al constante flujo de críticas que dicen que la Biblia es sexista y misógina? La Biblia parece decir que las mujeres no pueden hablar en la iglesia o que es una desgracia que lo hagan. Que las mujeres no pueden enseñarles a los hombres y que están bajo la autoridad de estos. Para entender estos versículos, quiero recordarte que "nunca leas *un* versículo bíblico". Vamos a empezar viendo a quiénes escribió estas cartas que contienen estos versículos bíblicos.

¿Quién escribió estos versículos, a quién y por qué? Ambos fueron escritos por el apóstol Pablo en el período de tiempo después de la resurrección, es decir, cuando la iglesia estaba siendo establecida. Las nuevas iglesias estaban enfrentando muchos retos, porque todo era nuevo para ellos y venían de diferentes culturas y trasfondos. Todavía estaban aprendiendo acerca de quién era Jesús.

Algunas de las personas que seguían a Jesús eran de sinagogas judías, y ellos entendían la ley del Antiguo Testamento, pero ahora se les estaba enseñando una nueva manera de relacionarse con Dios a través de Jesús. Había personas llegando a estas iglesias desde trasfondos paganos, después de haber estado sumergidos en la adoración de otros dioses y diosas. Pablo escribió varias cartas a estas iglesias durante este período de tiempo dinámico y caótico, un tiempo lleno de cambios y confusión acerca de cómo las iglesias debían funcionar y cómo hacerlo mejor. Él les escribió para instruirlos sobre qué debían hacer cuando se reunieran a adorar, y cómo vivir sus vidas como seguidores de Jesús.

COSAS LOCAS CAUSARON VERSÍCULOS BÍBLICOS LOCOS

Tomando esto en consideración, vamos a estudiar estos versículos de cerca para saber a qué se refiere Pablo cuando dice que "las mujeres deben guardar silencio" y "someterse".

1 Corintios 14:34–35

La carta a la iglesia en Corinto fue escrita por Pablo cerca del año 55 d.C. Cuatro años antes de escribir esta carta, Pablo pasó un año y medio en la ciudad. Él conocía a la iglesia y conocía a las personas, y en la carta indica que ha recibido un reporte perturbador de pleitos y conflictos dentro de la iglesia. De su carta aprendemos que estaban pasando todo tipo de cosas disruptivas en las reuniones de adoración.[11] Antes de decirle a las mujeres "deben guardar silencio", Pablo instruye a la iglesia acerca de estas tristes divisiones. Algunos tomaban la Cena del Señor (a veces llamada comunión), mientras que otros no podían hacerlo. Había quienes estaban viniendo a las reuniones de la iglesia con hambre porque no se los incluía cuando se servía la cena. Otros tomaban indignamente de la Cena del Señor, un recordatorio santo y sagrado de la muerte y resurrección de Jesús, al emborracharse con el vino que se usaba en ella. En otras palabras, había cosas muy locas sucediendo en las reuniones de la iglesia corintia. Pablo les estaba escribiendo para corregir esos abusos y guiarlos a la unidad.

---

11. 1 Corintios 11:1–14:39.

1 Timoteo 2:11–12

El segundo grupo de versículos proviene de una carta que Pablo le escribió a Timoteo, un líder joven. Pablo lo había reclutado como compañero en su ministerio, viajando con él extensamente.[12] Pablo le estaba escribiendo esta carta a Timoteo para instruirlo en cómo estructurar el liderazgo de la iglesia y cuál es la conducta apropiada en una reunión de adoración. Timoteo estaba viviendo en Éfeso y la iglesia en Éfeso tenía problemas significativos. Recuerda que no había "Nuevo Testamento" y que estas iglesias son todas nuevas y están tratando de descifrar muchas cosas; muchos en estas iglesias venían de trasfondos paganos que incluían la adoración a otros dioses. En Éfeso, la religión principal era la adoración de la diosa Artemisa y esto presentaba un serio reto a la nueva iglesia, ya que se provocaban revueltas contra aquellos que compartían acerca de Jesús.[13] Muchas mujeres en Éfeso estaban dejando la adoración de Artemisa y aprendiendo una nueva manera de relacionarse con Dios a través de Jesús. El culto a Artemisa (o Diana) era una religión solo para mujeres, con hombres castrados sirviendo como sacerdotes. Artemisa era un culto a la fertilidad, donde la adoración involucraba ritos sexuales, incluyendo la prostitución. Algunas de estas mujeres en Éfeso ahora eran parte de esta nueva fe.

En otras partes de la carta de Pablo a Timoteo, él trata con el problema de la sensualidad entre las viudas jóvenes. ¿Por qué? Porque este es el mundo en el que estaban viviendo y así era la cultura en Éfeso.[14] También leemos que estas viudas jóvenes, que no tenían nada que hacer, se volvían "ociosas" que hablan "de lo que no deben". Pablo está preocupado por estas mujeres, y les da el consejo de lo que deben hacer. En su carta a los corintios, menciona códigos de

---

12. Hechos 16:1–4.

13. Hechos 19:23–41.

14. 1 Timoteo 5:11–12.

vestimenta. Todo esto nos da un contexto para entender mejor lo que estaba sucediendo en Corinto y Éfeso, mientras tratamos de entender los versículos que les dicen a las mujeres que se sometan y estén en silencio.

PABLO QUERÍA QUE LAS MUJERES HABLARAN

Cuando leemos estos versículos diciendo a las mujeres que "guarden silencio", debemos leerlos en el contexto de otras cosas que Pablo ha afirmado. Pablo no podría estar diciendo literalmente que las mujeres debían estar en silencio total, porque solo unos pocos capítulos antes, en la misma carta, reconoce (sin sentido de desaprobación) que las mujeres profetizaban y oraban en voz alta en la iglesia.[15] También vemos a Pablo hablar de hombres y mujeres cantando, orando y compartiendo unos con otros en las reuniones de la iglesia. Así que, a menos que Pablo se esté contradiciendo en la misma carta, no tiene la intención de que las mujeres nunca hablen una palabra.

En la misma carta, Pablo escribe acerca de cómo el Espíritu de Dios otorga dones espirituales, que son habilidades especiales que proporciona el Espíritu Santo, capacitando a las personas para servir a la iglesia y a los demás. Sin embargo, no vemos ninguna instrucción de que los hombres y las mujeres deben usar estos dones de manera diferente.[16] Muchos de los dones que menciona implican hablar en las reuniones de adoración de la iglesia. Recuerda que Pablo trabajó junto a mujeres que tenían roles de liderazgo e influencia en las iglesias. También menciona a una mujer que muy probablemente era una apóstol. Este pasaje no puede estar diciendo que las mujeres deben estar en "silencio" en la iglesia; debe significar otra cosa.

---

15. 1 Corintios 11:13.

16. 1 Corintios 12:7–30.

INSTRUCCIONES ESPECÍFICAS ACERCA DE UN SILENCIO TEMPORAL ERA NORMAL EN ESTA CULTURA

Ya que según el contexto vemos que no significaba mantener un silencio total, necesitamos intentar entender lo que Pablo puede haber tratado de decir en esa cultura y ese tiempo. Lo más probable es que los mandamientos de Pablo se refieran a prácticas culturales específicas que no conocemos en nuestro mundo contemporáneo. Debido a que estamos mirando hacia atrás en una cultura diferente, y que es difícil entender exactamente lo que estaba sucediendo, hay varias opciones que los académicos sugieren que consideremos.

OPCIÓN 1: UNA COSTUMBRE COMÚN

Una costumbre común de ese tiempo era no interrumpir nunca al maestro ni hacer preguntas cuando no habías sido educado en el tema. Hacer preguntas o comentar durante una enseñanza no era un comportamiento aceptado ni normal. Isócrates, un orador y maestro popular griego, requería que sus estudiantes se mantuvieran en silencio cuando él enseñaba. El rabí Aquiva, un contemporáneo de Pablo, y Filo, quien era un líder judío del primer siglo, también exigían silencio durante su enseñanza.[b]

El "silencio" mencionado aquí no significa tener una cinta adhesiva sobre tu boca para mantenerte sin hablar. Probablemente significa adoptar un apropiado "comportamiento tranquilo" para los estudiantes que desean aprender. Además, cuando ves las palabras que dicen que una mujer "debe estar en sumisión", en este contexto está hablando de una postura de aprendizaje,[c] no estar en una posición más baja o menor.

Puede haber tenido que ver con las adoradoras de Artemisa que no buscaban seguir a Cristo. Pablo podría estar dando alguna instrucción para preservar el orden en el aprendizaje. En esa época y cultura, los hombres generalmente tenían más educación, por lo que esto nos ayuda a entender por qué Pablo les habla a las que tienen esposos. Estas mujeres pueden haber tenido preguntas que hacer, pero en lugar de interrumpir el tiempo de enseñanza en la reunión de adoración, Pablo sintió que era mejor que le preguntaran a su esposo más tarde.

Permítanme concluir esta sección con una cita del gurú erudito de la Biblia, y amigo personal, Scot McKnight. Scot escribe sobre estos dos versículos de 1 Corintios y 1 Timoteo, tomando en consideración toda la historia de la Biblia y mirando el contexto completo del trato de Pablo a las mujeres, y nos dice:

Los dos comentarios de Pablo sobre el silencio son realmente consistentes con la historia y la trama de la Biblia. Las mujeres, quienes siempre han sido dotadas por Dios para hablar por Dios y guiar al pueblo de Dios, estaban haciendo esas cosas en las iglesias de Pablo. Pero las mujeres que no habían aprendido la Biblia o la teología o que no habían aprendido a vivir una vida cristiana no debían convertirse en maestras hasta que hubieran aprendido la teología ortodoxa.

Lo que impulsa 1 Corintios 14 y 1 Timoteo 2 es un principio que gran parte de la tradición de la iglesia casi ha sofocado cuando se trata de mujeres: «el aprendizaje precede a la enseñanza».

OPCIÓN 2: ASIENTOS SEPARADOS

En el culto judío de ese tiempo, y común aun hoy en las ramas más conservadoras del judaísmo, las mujeres y los hombres se sientan por separado. Algunos han sugerido que eso era lo que estaba ocurriendo en estas reuniones de la iglesia primitiva, y que esa práctica puede haber causado problemas. Si las mujeres que no tenían educación (debido a la forma en que se trataba a las mujeres en ese momento) tenían preguntas, podrían intentar preguntarles a sus esposos, posiblemente gritando al otro lado de la habitación. Si estaban solas, pueden haber estado confundidas acerca de la enseñanza, y comenzar a hablar entre ellas interrumpiendo la reunión. Si esta opción es verdadera, tiene sentido que Pablo les pidiera que se quedaran calladas y esperaran hasta más tarde para hacer preguntas.

Todo esto es especulativo. No sabemos cuál era la situación en estas ciudades. Es por esto por lo que todavía hay cierto debate acerca de cómo entender exactamente estos versículos. Lo que sí sabemos es que Pablo no puede haber estado pidiendo a las mujeres que permanecieran en completo silencio, o que se sometieran a los hombres como sirvientas o personas de menor valor. Eso invalidaría y contradiría todo lo demás que vemos en sus escritos, así como a las Escrituras en su conjunto.

HAY MUCHAS OTRAS COSAS QUE SUENAN LOCAS ACERCA DE LAS MUJERES EN LA BIBLIA

En este capítulo, hemos tratado algunos de los versículos más usados para afirmar que la Biblia es anti mujeres. Pero hay otros como:

> ➤ ¿Tiene que tener la cabeza tapada una mujer cuando hay reuniones de la iglesia? (1 Corintios 11:3–16)

> ➤ ¿Tiene que someterse una mujer a su esposo en todo? (Efesios 5:24)

> ➤ ¿Una mujer debe tener un bebé para ser "salvada"? (1 Timoteo 2:15)

Podemos concluir con confianza que cuando leemos los versículos bíblicos que parecen defender prácticas misóginas, eso no es lo que está sucediendo. Muy a menudo, encontramos que la Biblia enseña exactamente lo contrario de la crítica inicial. Vemos a Dios moviendo a las instituciones y prácticas humanas caídas de vuelta a la trayectoria que él les destinó desde el principio. Las palabras de Pablo hacen esto claro, y desde que Jesús vino, "ya no importa si eres judío o griego, esclavo o libre, hombre o mujer. Todos ustedes son uno solo en Cristo Jesús".[17]

La misoginia y desigualdad de esos tiempos son rechazados por Jesús. Todos somos únicos, personas de igual valor e importancia. El apóstol Pedro cita al profeta Joel al inicio de la iglesia, en Hechos 2:17–18, y habla de un día cuando ambos, hombres y mujeres, serán las voces de Dios profetizando:

"En los postreros días —dijo Dios—, derramaré mi Espíritu sobre toda la humanidad, y sus hijos e hijas profetizarán, sus jóvenes verán visiones y sus viejos soñarán sueños. Sí, el Espíritu vendrá sobre mis siervos y siervas, y ellos profetizarán".

El Dr. Rodney Stark, sociólogo, escribe en su libro *La expansión del cristianismo* que "el cristianismo era excepcionalmente atractivo [para las mujeres] porque dentro de la subcultura cristiana, las mujeres disfrutaban de un estatus mucho más alto que las mujeres del mundo grecorromano en general". Señala que la iglesia primitiva «atrajo a un número inusual de mujeres de alto estatus social".[d]

La iglesia ha usado ciertos versículos bíblicos contra las mujeres de manera incorrecta e incluso dañina. Ha habido –y todavía hay– algunas iglesias y cristianos que hacen un mal uso del texto para crear misoginia en el nombre de Dios. Pero es claro que la Biblia no está en contra de las mujeres, sino que aboga por las mujeres. Dios creó a las mujeres y a los hombres para que lo representaran, para hacer una diferencia en este mundo usando los dones que Dios les ha dado.

---

17. Gálatas 3:28.

LOS CRISTIANOS HAN ESTADO AL FRENTE DE LA LUCHA POR LA DIGNIDAD DE LA MUJER ALREDEDOR DEL MUNDO

Dentro de las culturas y religiones principales del mundo, los hombres y mujeres cristianos han trabajado para dar poder a las mujeres y liberarlas de instituciones culturales que las dañan. Por siglos, en China, una práctica cultural común era mutilar los pies de las niñas a través de la práctica horrorosa de los "pies vendados". Los cristianos fueron un instrumento para terminar con esa práctica. En India, las viudas debían cometer suicidio arrojándose en el fuego donde se cremaría a su difunto esposo. Los esfuerzos de misioneros cristianos pusieron fin a esta práctica cultural.

Todavía tenemos un largo camino por recorrer para acabar con este tipo de prácticas culturales. Hay muchas iglesias donde hombres y mujeres no son valorados por igual. Pero ahora sabes que esos versículos no significan lo que los críticos creen que significan. ¡No se trata de que las mujeres guarden silencio! ¡La Biblia es una defensora de las mujeres!

PARTE 3 – RESUMEN

¿LA BIBLIA ES ANTIMUJERES Y PROMUEVE LA MISOGINIA?

> En el principio, Dios creó una perfecta armonía entre el hombre y la mujer —únicos, pero iguales. Después de que los seres humanos se rebelaron contra Dios en el jardín del Edén, el pecado patriarcal se desarrolló con varios tipos de abuso hacia las mujeres, incluyendo misoginia y poligamia. Esto no es lo que Dios creó; es lo que los seres humanos establecieron.

> Los versículos del Nuevo Testamento que al principio sonaban misóginos y machistas, tienen explicación cuando vas más allá de simplemente leer los versículos aisladamente. Los malentendidos suceden porque no se estudian las situaciones específicas y la cultura única de ese período.

> Jesús y el Nuevo Testamento muestran una trayectoria hacia adelante de las mujeres, siendo vistas de igual valor, estima e importancia a los ojos de Dios, y sirviendo en la misión junto con los hombres.

El importante tema del "sometimiento" de las mujeres en los tiempos de Pablo, debe tomar en consideración que el matrimonio es una institución divina en la que un hombre y una mujer entran en un convenio de respeto y complementariedad. Y en ese contexto de relaciones interpersonales de dignidad, tanto el hombre como la mujer se deben someter el uno al otro para tomar decisiones sabias e inteligentes que constituyan el fundamento de una familia saludable.

PARTE 4

¿TENEMOS QUE ESCOGER ENTRE LA CIENCIA Y LA BIBLIA?

CAPÍTULO 10
JESÚS MONTADO SOBRE UN DINOSAURIO

Aunque sabemos que los dinosaurios sobrevivieron al diluvio (en el arca de Noé), no sabemos si Jesús alguna vez se montó sobre uno… pero ¡probablemente lo hizo!

-De la página de un libro para colorear satírico.

En algunos lugares, venden unas camisetas creativas y jocosas con una imagen de Jesús montado sobre un dinosaurio. Estas camisetas se burlan de la lógica de una interpretación literal, palabra por palabra, de la creación bíblica y del diluvio del libro de Génesis. La imagen indica que si alguien tiene un entendimiento de la creación literal, de seis días, significa que en el día seis Dios creó tanto a los seres humanos como a los dinosaurios. Génesis dice que Dios creó a "todos los animales domésticos, los salvajes y los reptiles… Dios creó a los seres humanos a su imagen… los creó hombre y mujer".[1] Tomado en sentido literal, esto significa que los dinosaurios estarían incluidos en "todas las criaturas", y que los dinosaurios y los seres humanos fueron creados en el mismo día de veinticuatro horas y coexistieron juntos.

Naturalmente, esto debe reflejarse después cuando Noé construye el arca. ¿Acaso los dinosaurios fueron parte del grupo de animales,

---

1. Génesis 1:25, 27.

los pájaros y "los reptiles" que entraron al arca? Contando con este acercamiento literal a la lectura bíblica, si los dinosaurios hubieran estado en el arca hubieran sobrevivido el diluvio. Así que probablemente hubieran estado vivos como todas las demás criaturas que estaban vivas en el tiempo de Jesús. Uniendo esta lógica, la camiseta muestra que si los dinosaurios hubieran estado vivos en el tiempo de Jesús en la Tierra, entonces seguramente se hubiera divertido y hubiera montado uno de ellos.

Puedo entender por qué esta imagen de Jesús montado en un dinosaurio hace una combinación fascinante. Si buscas en internet las palabras "Jesús" y "dinosaurio" encontrarás todo tipo de imágenes creativas. Jesús cuidando a un bebé tiranosaurio, Jesús siendo bautizado con un brontosaurio en el fondo. Personalmente, no conozco a ningún cristiano que se tome la interpretación bíblica a este extremo, y piense que los dinosaurios estaban vivos en el tiempo de Jesús. Pero es una buena camiseta, que nos trae buenas preguntas acerca de lo que la Biblia dice o no dice acerca de la creación, la evolución y la ciencia.

"SI NO PUEDO CREER EN LA CIENCIA ENTONCES YA NO PUEDO CREER EN LA BIBLIA"

Una vez conocí a un estudiante universitario que creció en un hogar cristiano pero luego dejó la fe y se proclamó ateo. ¿Su razón? El conflicto que veía entre la ciencia y la historia de la creación bíblica. Él había crecido en una iglesia que tenía una visión muy específica del Génesis y de cómo interpretar la historia de la creación. Ellos creían firmemente que la Biblia enseña que la Tierra tiene entre seis mil y diez mil años de edad. Y que los días de la creación fueron periodos de tiempo de veinticuatro horas. A esta interpretación se la conoce como "Creacionismo de Tierra Joven" (hablaremos más de esto después). El punto de vista de la Tierra Joven enseña que los seres humanos y los dinosaurios coexistieron al mismo tiempo.

Este estudiante universitario estaba estudiando microbiología, y empezó a cuestionarse la idea de que la Tierra tenía diez mil años o menos basado en sus estudios en la universidad. Habló con el pastor de su iglesia y con sus padres y ellos le advirtieron con amor, diciéndole que, si no creía que la edad de la Tierra estaba entre los seis mil y diez mil años, él estaba cuestionando la Biblia. Para ellos, si no crees en una interpretación literal de Génesis y en la Tierra Joven, entonces ¿por qué creer que Jesús se levantó de los muertos, si eso también está en la Biblia? Este joven no quería abandonar la fe de su juventud, pero al mismo tiempo se le estaba diciendo que dudar o rechazar una lectura literal de Génesis 1 era lo mismo que rechazar a Jesús y su resurrección.

Tristemente, esto lo llevó a una elección de todo o nada –la Biblia contra la ciencia. Pero luego escuchó a un académico del Antiguo Testamento, conservador y muy respetado, que decía que hay otras maneras de entender los versículos del Génesis. Esto llevó a este estudiante a rever su decisión de convertirse en ateo, y gozosamente volvió a su fe en Jesús.

Las teorías científicas no están reñidas con las interpretaciones de la Biblia. Los cristianos afirman la veracidad de la Biblia y comprenden la importancia de la ciencia para el desarrollo de una sociedad saludable. Y en ese diálogo íntimo, entre la ciencia y la religión, se entiende que ambas perspectivas de la sociedad, el mundo y la vida son importantes. La Biblia presenta las realidades de le existencia humana desde una perspectiva teológica y espiritual; y la ciencia elabora sus teorías fundamentadas en los conocimientos empíricos que obtiene de los estudios de la vida y la naturaleza.

¿CREEMOS EN UNA TIERRA DE SEIS MIL AÑOS DE EDAD, UNA SERPIENTE QUE HABLA Y UNA MUJER-COSTILLA QUE COMIÓ DE UN ÁRBOL MÁGICO?

Si tú lees la Biblia de principio a fin, encontrarás todo tipo de pasajes que parecen ir en contra de la ciencia. En el Antiguo Testamento, encontramos personas que viven más de novecientos años. Noé construye un arca para resguardar a un zoológico masivo para escapar de un diluvio global. Una serpiente que habla, un asno que habla y muchas otras cosas que suenan extrañas hacen que la Biblia parezca un mítico cuento de hadas —disparates que desafían a la ciencia y al pensamiento racional.[a]

Esto no termina en el Antiguo Testamento, porque también leemos en el Nuevo Testamento acerca de sanidades increíbles, ángeles apareciendo, agua convirtiéndose en vino, una tormenta calmada por Jesús y el mismísimo punto focal de la fe cristiana —un hombre siendo asesinado, puesto en una tumba y resucitado tres días después.[2] Hay debates que ponen a prueba la credibilidad de la Biblia. Espero que estudiar estos capítulos nos pueda ayudar a tener más confianza y seguridad en lo que la Biblia tiene para decirnos.

---

2.   Mateo 4:23–24; Lucas 7:11–16; Mateo 1:20; 28:2–4; Juan 2:1–12; Marcos 4:35–41; Juan 20:1–18.

CAPÍTULO 11

EN EL PRINCIPIO
ENTENDIMOS MAL

La pregunta más vital que pueden hacer los intérpretes de cualquier literatura (y específicamente la Biblia) es, ¿qué intención tuvieron los autores humanos (y finalmente el autor divino, Dios, el Espíritu Santo) para que su audiencia original entendiera cuando leyera el pasaje?[a]

-Del libro "En el principio no entendimos"

Tan pronto como abras la Biblia y leas las primeras dos páginas, verás algunas cosas que suenan locas. El principio de la Biblia empieza con unos versículos diciéndonos cómo Dios creó el universo, la tierra, y básicamente todo lo que existe en seis días. La Tierra fue creada en el día uno, el sol y la luna fueron creados en el día cuatro, y los animales y las personas en el día seis. La Biblia indica que todo esto se completó en seis días: "... Pasó la tarde y pasó la mañana, y se completó, así, el sexto día. De este modo fueron creados los cielos y la Tierra, y todo lo que hay en ellos".[1]

Si lees estos versículos y los tomas en un sentido literal, puedes concluir que la Tierra tiene alrededor de seis mil años.[b] Las listas de los descendientes de Adán hasta Abraham cubren cerca de dos mil años. De Abraham a que nació Jesús son otros dos mil años. Agrega otros

---

1. Génesis 1:31–2:1.

dos mil años de Jesús a nuestro tiempo y tienes una tierra que fue creada hace aproximadamente seis mil años. Puedes ver por qué a alguien leyendo la Biblia y analizando la lectura literal de estos versículos acerca de los días de la creación en Génesis capítulo 1 le surgen preguntas. Aquí hay algunos cuestionamientos comunes:

> ➤ Duración de la creación: ¿La Biblia dice que Dios creó todo en seis días de veinticuatro horas?

> ➤ Edad de la Tierra: ¿Tengo que creer que la Tierra tiene solo seis mil años de edad?

> ➤ La secuencia de la creación de la Tierra y el sol: ¿Cómo había luz si el sol no fue creado sino hasta el día cuatro?

> ➤ Creación contra evolución: ¿Quién está en lo correcto, la evolución o la Biblia?

> ➤ Dinosaurios: Si Dios creó a los seres humanos y a todas las criaturas terrestres en el mismo día, ¿eso significa que está diciendo que los dinosaurios y los seres humanos coexistieron?

En los capítulos 2 y 3, leemos más versículos que suenan locos como:

> ➤ "Entonces Dios el Señor hizo que cayera sobre el hombre un sueño profundo, le sacó una costilla y cerró la carne en el lugar de donde la había sacado. Con la costilla hizo a la mujer y se la llevó al hombre". (Génesis 2:21–22).

> ➤ "La serpiente, que era el más astuto de todos los animales del campo creados por Dios el Señor, se le acercó a la mujer y le preguntó: '¿Es verdad que Dios no les permite comer de ningún árbol que hay en el jardín?'" (Génesis 3:1).

Esta es la razón por la que hay preguntas acerca del árbol y Eva y una serpiente que habla. Estas cosas se señalan repetidamente, y se burlan de ellas con preguntas como:

> ➤ ¿La Biblia dice que una serpiente habló?

> ➤ ¿Fue Eva una "mujer-costilla" hecha del hueso de un varón?

> ➤ ¿Habló Eva con una serpiente y luego comió una manzana de un árbol mágico?

Entiendo por qué las personas se burlan de estos versículos. Pero como hemos visto con otras críticas bíblicas y malentendidos, a menudo lo hacen luego de apenas leer uno o dos versículos. La Biblia es un libro antiguo, escrito a lo largo de varios siglos, y debemos usar las mentes que Dios nos dio para examinar estas declaraciones contra la Biblia para poder decidir si son verdaderas o precisas en la manera en que son presentadas.

> La lectura cuidadosa de Génesis 1 descubre que el sol fue creado el cuarto día de la creación. Y si los días de veinticuatro horas se miden en referencia a los movimientos del sol, los primeros tres días no fueron de veinticuatro horas. Posiblemente, cada día de la creación alude a un período de tiempo que no está cautivo en nuestros modelos y comprensiones.

GÉNESIS NO FUE ESCRITO A NOSOTROS SINO PARA NOSOTROS

Hay un libro con un título inteligente *In the beginning... we misunderstood* (En el principio, entendimos mal), escrito por dos académicos bíblicos conservadores. Ellos tienen doctorados en teología y Biblia de un seminario evangélico conocido y respetado que está comprometido con la autoridad de la Escritura. Ellos querían ser fieles a la interpretación de las palabras de la Biblia inspirada. Con el relato de la creación en Génesis, primero interpretaron que estos versículos indicaban que Dios había creado todo en seis días de veinticuatro horas, y que eso significa que la Tierra es relativamente joven en edad, alrededor de seis mil años.

Ellos cambiaron su perspectiva cuando se dieron cuenta de que habían estado enfocándose en un estudio intenso del texto, palabra por palabra, y habían olvidado verlo en un contexto más amplio. ¿Por qué están estos libros en la Biblia? ¿Cuál es su propósito en la historia bíblica en general? En su pasión por ser fieles a las Escrituras, se les olvidó hacerse estas preguntas básicas e importantes de estudio bíblico. Esto es lo que aprendieron, en sus propias palabras:

Me di cuenta de que toda mi vida había estado leyendo Génesis desde la perspectiva de una persona moderna. Lo había leído a través del lente de un individuo históricamente sofisticado, científicamente influenciado. Yo asumí que Génesis fue escrito para contestar preguntas de origen que las personas están formulándose hoy. Pero nunca me había hecho la pregunta más importante y vital de todas: ¿Qué estaba tratando de decir Moisés cuando escribió este texto? Después de todo, "mi Biblia" fue la "Biblia" de Moisés primero. ¿Moisés sabía de Charles Darwin?... ¿Estaba escribiendo para desacreditar una teoría moderna de la evolución? ¿Sus lectores estaban preocupados por los cálculos de la velocidad de la luz y la distancia de las galaxias a la Tierra? ¿Estaban fascinados por el significado del ADN? ¿Estaban debatiendo si la Tierra es joven o vieja? ¿Tendrían una noción de la cosmovisión científica moderna? Si estás de acuerdo con que la respuesta a estas preguntas es obviamente no, entonces la pregunta lógica es, ¿qué estaba en sus mentes? ¿Cómo entendieron ellos Génesis 1?... ¿Qué significó Génesis para los autores y lectores originales?[c]

Esto es muy, muy importante. Necesitamos detenernos y ver en profundidad lo que se nos está diciendo aquí. Podemos estudiar fielmente, leer y examinar intensamente palabras específicas de versículos bíblicos, pero la pregunta más importante es, "¿Qué significó

Génesis para los autores y lectores originales?" Como hemos visto en este libro, "la Biblia no fue escrita *a* nosotros, sino *para* nosotros".

Cuando tú y yo abrimos la Biblia en Génesis, inmediatamente queremos saber las respuestas a nuestras preguntas contemporáneas, las que nos hacemos a causa de nuestra cosmovisión y experiencia cultural. Queremos saber acerca de la edad de la Tierra, los registros fósiles, los dinosaurios, el darwinismo, la macro contra la microevolución, los genomas y la secuencia de ADN de organismos, los aminoácidos, los años luz y la datación por carbono. Cuando abrimos sus páginas, queremos tener respuestas para todas estas cosas que consumen nuestros debates actuales entre cristianismo y ciencia. Sin embargo, estas preguntas no eran la preocupación de la audiencia original con la que Dios se estaba comunicando. No eran la razón o el propósito detrás de lo que él estaba comunicando.

ESTUDIAR LA BIBLIA NO SIGNIFICA QUE NO CONFÍES EN LA BIBLIA

La Escritura entera es inspirada por Dios; tiene autoridad y es confiable y útil para muchas, muchas cosas.[2] Pero así como lo hacemos con cualquier parte de la Biblia, necesitamos poner nuestro esfuerzo en estudiar a los lectores originales y el propósito original de lo que está escrito. Esto no es un intento de minimizar nuestro respeto o reverencia por la autoridad absoluta de la Biblia. Cuando estudiamos y hacemos estas preguntas, podemos entender mejor lo que Dios quería que sus lectores originales hicieran y supieran, y lo que puede o no estar diciendo para nosotros hoy.

Como vimos en la Parte 1 de este libro, hay diferentes géneros dentro de la Biblia y diferentes maneras en que necesitamos leerla,

---

2.   2 Timoteo 3:15–16.

dependiendo de la parte o género que estemos leyendo. Cuando el escritor de Salmos 17 le escribió a Dios pidiéndole: "… escóndeme bajo la sombra de tus alas" (v.8), él no está diciendo que Dios tiene alas físicas y parece un pájaro. Cuando lees la Biblia, debes preguntarte si debes tener una comprensión literal de las palabras. Esto no es dudar de la Palabra de Dios; es simplemente ser un buen estudiante de la Escritura, para poder entender lo que Dios me está comunicando. Queremos saber lo que Génesis significaba para el autor y lectores originales.

Los estudios bíblicos son muy importantes para el desarrollo de la fe y el crecimiento individual de los creyentes. Como la Biblia es fundamental para las iglesias, estudiarla no es un extra optativo sino un requisito indispensable. Esos estudios bíblicos deben utilizar las ciencias contemporáneas (p.ej., sociología, lingüística y arqueología) para optimizar las posibilidades de comprensión del mensaje divino.

MÉTODOS DE ESTUDIO DE LA BIBLIA DE LOS ANTIGUOS ISRAELITAS

Antes de ver las preguntas acerca de la serpiente que habla, los dinosaurios y la edad de la Tierra, necesitamos una lección de historia. Para entender los pasajes bíblicos que suenan locos, necesitamos ver algo del contexto bíblico. Necesitamos regresar y entrar en el mundo de los antiguos israelitas para "nunca leer un versículo bíblico". Necesitamos hacernos algunas preguntas que nos ayudarán a entender.

1. ¿QUIÉNES ERAN LOS LECTORES ORIGINALES DE GÉNESIS?

Se cree que el escritor y editor principal fue Moisés, quien estaba escribiendo a los israelitas (puede que haya habido una edición inspirada y alguna organización del texto que ocurrieron después, pero Moisés es tradicionalmente considerado el autor primario de lo que leemos en Génesis).[d] La verdadera historia de a quién y por qué se escribió Génesis empieza mucho antes, con un hombre llamado Abraham, que vivió en el año 2100 a.C. Abraham es la persona que Dios escogió y con quien hizo un "pacto" (una promesa o acuerdo), prometiéndole que a través de su linaje y familia, el mundo entero sería bendecido.[3] Esta bendición terminaría cumpliéndose en Jesús.

Dios le prometió a Abraham que recibiría la tierra para sus descendientes.[4] Esta tierra que llamamos "la tierra prometida", era aquella donde el rey David viviría y en la que Jesús nacería, sufriría y resucitaría de entre los muertos.

Con el paso del tiempo, Abraham y sus descendientes se multiplicaron y se volvieron el pueblo de Israel. En la historia, los israelitas fueron a Egipto escapando de una hambruna. Con el paso de los siglos, se volvieron esclavos de los egipcios por alrededor de cuatrocientos años.[5] Generación tras generación, el pueblo escogido de Dios estaba inmerso en un mundo controlado por los egipcios, aprendiendo sus historias de los orígenes del mundo, y sus valores y creencias religiosas.

Mientras vivían como esclavos en Egipto, los israelitas transmitían sus tradiciones orales y los remanentes de la historia de Abraham y de las promesas de Dios hechas a ellos. Día tras día, ellos se despertaban para ver las estatuas de los dioses egipcios, viviendo en un

---

3. Génesis 12:1–3.

4. Génesis 17:3–8.

5. Génesis 15:13; Éxodo 12:40-41; Hechos 7:8.

mundo egipcio con valores egipcios. Estos no adoraban al Dios de los israelitas; en su lugar adoraban a muchos tipos de dioses diferentes incluyendo el sol, la luna, varios dioses que parecían animales, algunas diosas e incluso a algunas personas. Los egipcios tenían historias de la creación para explicar cómo sus dioses habían creado todo. Este es el mundo en el que los israelitas vivieron cuatrocientos años.

El entendimiento de los israelitas del mundo fue afectado inevitablemente durante su tiempo viviendo en Egipto. Vivían en un mundo egipcio pluralista, con muchos dioses y prácticas religiosas distintas. Algunos de ellos incluso servían a los dioses egipcios.[6] Esto importa porque Génesis fue escrito para los israelitas después de que estos habían vivido en una tierra que adoraba a muchos dioses, para recordarles quién es el único Dios verdadero, y no para explicar la ciencia y los detalles de la creación.

Después de cuatrocientos años de esclavitud y vida en Egipto, Dios decidió que era tiempo de rescatar a su pueblo, los descendientes de Abraham. Escogió a Moisés para guiar al "pueblo escogido" de Israel a la "tierra prometida". Dios castigó a Egipto con una serie de diez plagas para derribar la arrogancia y la confianza del faraón, el líder egipcio, y forzarlo a liberar a Israel de la esclavitud. Las plagas que Dios escogió no fueron al azar, cada una de las diez plagas fueron un ataque dirigido a uno de los dioses egipcios. Por ejemplo, los egipcios adoraban al dios Hapi, el dios del río Nilo, y se cree que el dios Osiris tenía al río Nilo como torrente sanguíneo. Dios demostró su poder sobre el río —y los dioses egipcios— al cambiar el agua del río a rojo sangre. Los egipcios también adoraban a la diosa Heket, que tenía cabeza de rana. Dios demostró su poder sobre la diosa egipcia al causar que ranas aparecieran en todos lados, mostrando que el Dios de Israel es el Dios verdadero, no Heket. Los egipcios adoraban

---

6. Josué 24:2, 23.

al dios Ra, el dios del sol y uno de los dioses más reverenciados en Egipto. Así que el Dios de Israel causó que el sol se oscureciera, mostrando que es el Dios verdadero y que su poder es mayor que el del dios egipcio más poderoso.

El libro de Génesis fue escrito para el pueblo de Israel durante ese tiempo. Dios estaba recordándoles su historia y enseñándoles quiénes eran. Ellos no tenían la historia completa. No sabían quién los había hecho o quién era este Dios que los había rescatado de Egipto, o cómo adorarlo. Tenían partes y nociones debido a las tradiciones orales, pero Moisés estaba escribiendo la Biblia a los israelitas viviendo en ese tiempo. Mientras los israelitas antiguos vagaban por el desierto, probablemente se hicieron muchas preguntas cuyas respuestas Dios quería darles.

Preguntas que Israel probablemente tenía y para las cuales fue escrito Génesis

> - ¿Vamos a sobrevivir en el desierto? ¿Estamos a salvo aquí?
> - ¿Realmente hay un solo Dios? ¿Qué pasa con todos los dioses egipcios? ¿Están enojados porque nos fuimos de Egipto?
> - ¿Sigue estando aquí el Dios que nos rescató o estamos solos?
> - ¿Qué tenemos que hacer para complacer a este Dios, para que tengamos cosechas que no fallen y comida para nuestras familias?
> - ¿Debemos adorar al sol? ¿Debemos adorar a la luna como los egipcios? ¿O debemos hacerlo como los cananeos que están a nuestro alrededor?
> - ¿Es acaso verdadera la historia de la creación del mundo egipcia?

Recién liberados de cuatrocientos años de vivir en el mundo politeísta de Egipto, Dios estaba a punto de darles una nueva historia. En Génesis, Dios hizo que Moisés escribiera lo que los israelitas necesitaban saber acerca de él, para contestar las preguntas que tenían acerca de él. No fue escrito para contestar las muchas preguntas que tenemos hoy.

Preguntas que tenemos hoy y que Génesis nunca intentó contestar

> ¿Qué tan vieja es la Tierra, seis mil años o seis mil millones de años?

> ¿Dios hizo todo en seis días literales de veinticuatro horas o en seis periodos largos de tiempo?

> ¿La falta de formas transicionales importantes en el registro fósil refuta la evolución?

> ¿Podrían los ácidos nucleicos primitivos, los aminoácidos y otros componentes básicos de la vida haberse formado y organizado en unidades que se autorreplican y son autosuficientes, sentando las bases para la bioquímica celular?

> ¿Realmente había una serpiente parlante?

> ¿Había dinosaurios en el arca de Noé?

> Si Dios creó a Adán como la primera persona, ¿tenía ombligo?

Todas estas son buenas preguntas. Pero no habrían tenido sentido alguno para la audiencia original, los israelitas con los que Dios se estaba comunicando. Hoy, tú y yo tal vez querríamos conocer las respuestas a estas preguntas, mientras leemos Génesis a través del lente moderno, pero la audiencia original no se hubiera hecho estas preguntas. Dios quería enseñarles otras cosas que eran igual de importantes. No eran las preguntas científicas de nuestro día. Saber eso importa cuando lees Génesis, que no fue escrito para contestar nuestras preguntas acerca de la ciencia y la evolución.

2. ¿POR QUÉ SE ESCRIBIÓ GÉNESIS, Y QUÉ QUERÍA DIOS QUE LA AUDIENCIA ORIGINAL SUPIERA?

Con este trasfondo, vamos a regresar a algunos de estos pasajes bíblicos que suenan raro, recordando que fue escrito para israelitas que habían estado viviendo en una cultura egipcia politeísta por cuatrocientos años y que necesitaban recordar y aprender muchas cosas acerca de Dios, que habían olvidado o nunca habían conocido.

> Dios quería que el pueblo supiera que él es el único Dios verdadero, no los dioses egipcios u otros dioses de las naciones que los rodeaban.

> Dios quería que Israel supiera que su presencia estaba con ellos.

> Dios quería que el pueblo supiera quiénes eran –su pueblo escogido– y acerca del "pacto" que él hizo con su ancestro Abraham. Quería que entendieran que todo el mundo sería bendecido a través de ellos, y que les había prometido una tierra donde vivir.

> Dios quería que los israelitas conocieran que él creó los cielos y la tierra y todo lo que existe. Su historia era diferente de la historia de la creación de los egipcios y de otros relatos como el *Enuma Elish* o la *Épica de Gilgamesh*. Estas historias hablaban de otros dioses y diosas que creando todo.

> Dios quería que los israelitas supieran quién es el único Dios verdadero, quien es cercano, compasivo, tardo para enojarse y abundante en amor.[7] Estas cualidades de carácter fueron muy diferentes de las de otras deidades con las que estaban familiarizados.

---

7. Éxodo 34:6; Números 14:18.

> Dios quería que los israelitas supieran cómo adorarlo apropiadamente y cómo vivir como una comunidad de personas, los unos con los otros en la tierra prometida.

Estas son las razones por las que Dios hizo que Moisés escribiera lo que está escrito en los cinco primeros libros de la Biblia –para enseñarles a los israelitas estas cosas. Necesitamos empezar nuestra lectura con las preguntas que tenían en *ese tiempo, no con las preguntas que podamos tener hoy*. Dios estaba comunicándose con ellos en una manera que tenía sentido para ellos en el mundo en el que vivían.

El libro de Génesis se escribe para afirmar, en medio de naciones politeístas, que el mundo no es el resultado de las luchas de dioses, sino la manifestación extraordinaria del poder creativo del único Dios. Desde las primeras páginas de la Biblia se afirma que la historia está guiada por Dios y que la humanidad no va a la deriva, sin sentido de dirección ni principios éticos y morales. El Dios creador, que también se revela como libertador, camina con el pueblo en medio de las realidades de la vida.

3. ¿CÓMO ENTENDÍA ESA AUDIENCIA EL MUNDO QUE LOS RODEABA?

Una vez que entendemos el propósito detrás de los que Dios estaba comunicando en Génesis, debemos también intentar entender la cosmovisión de su audiencia, o cómo es que ellos entendían el mundo a su alrededor. Muchos de nosotros asumimos erróneamente que las personas del pasado pensaban acerca del mundo de la misma manera que hoy, asumiendo lo mismo que nosotros. Pero esto no es verdad. Dios se estaba comunicando con ellos en un contexto específico. A menos que entendamos ese mundo, vamos a malinterpretar lo que Dios está diciendo. Cuando leemos cualquier pasaje de la Biblia, nos estamos abriendo a la cosmovisión de la audiencia original, a su manera de ver el mundo, que es muy diferente a la nuestra. Dios les habla a esas personas usando su cosmovisión, para que puedan entender lo que Dios quiere de ellos.

EL MUNDO QUE LOS ANTIGUOS ISRAELITAS CONOCÍAN

Dios no buscaba comunicar verdades científicas como lo entendemos hoy. Estaba comunicando la verdad sobre quién era él de una manera que la audiencia original pudiera comprender. Cuando el versículo inicial de la Biblia en Génesis 1:1 dice: "En el principio creó Dios los cielos y la tierra", ciertas cosas vienen a la mente de quienes escuchan las palabras "cielos" y "tierra".[e] Cuando pensamos en los "cielos", pensamos en el sistema solar, la Vía Láctea y las asombrosas imágenes del espacio que capturó el Telescopio Hubble. Cuando pensamos en la "Tierra", la imaginamos como una esfera que orbita alrededor del sol. Sin embargo, un antiguo israelita hubiera imaginado una imagen de la tierra consistente con su cultura específica, y con cómo esta concebía al mundo.

Ellos hubieran pensado inmediatamente en el cielo y la tierra que podían ver. Dios les estaba diciendo que él había creado el cielo y la tierra. ¿Cuál era la comprensión antigua de los cielos y la tierra? La visión de los antiguos israelitas era similar a la de los egipcios y de otros pueblos que los rodeaban.

ENTENDER EL MUNDO EGIPCIO PARA ENTENDER LA BIBLIA

Los antiguos israelitas hubieran estado familiarizados con las historias de la creación de los antiguos egipcios, amoritas, sumerios y otros grupos; eran historias que precedían a los escritos de Moisés en

Génesis. Dios usó cosas con las que las personas estaban familiarizadas para comunicarles la verdadera historia de la creación. Estaba tratando de comunicar a los israelitas que solo él es Dios, el verdadero Dios que creó todo.

Hay varias historias egipcias de la creación que afirman que antes de la creación no había nada más que oscuridad en un abismo acuoso de caos. De esas aguas se levantó uno de los dioses egipcios que separó el agua de la tierra. Los hijos de este dios eran el dios Geb, que era la Tierra, y la diosa Nut, que era el cielo. Los egipcios creían que había aguas siendo sostenidas sobre el cielo, y un barco flotando en esas aguas. La Tierra era vista como una superficie plana con un domo sobre ella (sostenida por un dios), con agua arriba del domo del cielo, y otro dios debajo de este domo de agua.

DIOS NO LE COPIO A LOS EGIPCIOS, ÉL CONTÓ LA VERDADERA HISTORIA

GÉNESIS NO FUE ESCRITO PARA CONTESTAR NUESTRAS PREGUNTAS ACERCA DE LA CIENCIA Y LA EVOLUCIÓN.

Cuando lees estos otros relatos de la creación (ya sean egipcios o mesopotámicos), encontrarás algunas similitudes con el relato de Génesis. Esto no significa que Israel copió estas historias para crear la que tenemos en la Biblia hoy. Simplemente muestra que las personas tenían diferentes tradiciones orales acerca de dos eventos comunes: la creación y el diluvio. En Génesis, Dios estaba contando y corrigiendo estas historias para ayudarles a entender quién estaba detrás de todo. Al contar de nuevo estas historias, Dios introdujo algunas distinciones y diferencias importantes con los demás relatos.

Estos otros relatos de la creación retratan a los dioses como deidades violentas, luchando unas contra otras sin importarles los seres humanos. Génesis cuenta la historia de un Dios asombrosamente maravilloso, completamente distinto.

> ➤ Solo en Génesis hay un solo Dios (no múltiples dioses), quien tiene un pacto (comprometido con promesas) y una relación personal con las personas.

> ➤ A diferencia de las otras narrativas, el Dios en el relato de la creación de Génesis no necesita la asistencia de otros dioses para crear. Él es todopoderoso y puede hacer todo solo con su palabra.

> ➤ El Dios en el relato de la creación de Génesis crea a los seres humanos con dignidad y belleza, y son creados a su imagen.

> ➤ El Dios en el relato de la creación les confió a seres humano el cuidado de la creación, en vez de crearlos como sirvientes que satisfacen sus caprichos.

Los israelitas querían saber quién era el verdadero Dios, y conocer que él es el que creó todo. Dios usó lo que la gente sabía en ese momento para comunicar la verdad acerca de sí mismo y su obra en la creación de todas las cosas.

Aunque los israelitas vivieron bajo las autoridades egipcias y de otras naciones del Oriente Medio por siglos, el mensaje de la Biblia no está cautivo en las perspectivas culturales y teológicas de esos pueblos. Desde los primeros mensajes de Génesis se nota en las Escrituras un sentido de dirección claro al monoteísmo y al rechazo consciente de la idolatría y la adoración y existencia de otros dioses.

VIENDO EL MUNDO A TRAVÉS DEL LENTE DE LOS ISRAELITAS CUANDO GÉNESIS FUE ESCRITO

Así que cuando leemos Génesis, queremos ubicarnos en el mundo de los israelitas y ver las cosas como ellos las veían –¡esto hace toda la diferencia! Como muchas personas de ese tiempo, los israelitas creían que había tres niveles en la creación. Encontramos a Dios hablando a las personas y usando este entendimiento del mundo de tres niveles en Éxodo 20:4 cuando él les da los mandamientos diciendo: "No te harás ídolos ni imágenes de nada que esté en el cielo, en la tierra o en lo profundo del mar".

Los antiguos israelitas, los egipcios y otros pueblos de esa época habrían entendido esta visión del mundo de tres niveles:

NIVEL 1: LOS CIELOS

Génesis 1:6 habla de la creación de los cielos y dice, "Después Dios dijo: 'Que aparezca el firmamento…'", una referencia al "domo" o "expansión". Este firmamento separaba las aguas que estaban arriba de las que estaban debajo. La palabra hebrea usada aquí es *raqia*, y aunque se traduce de varias maneras, generalmente se refiere a algo sólido y no meramente a una expansión aérea atmosférica.[f] La palabra "firmamento" a veces tiene la connotación de una bóveda o cuarto que se usa para almacenamiento. Esto da a entender que Dios está creando una "bóveda de almacenamiento" —una barrera sólida entre las aguas.

Nota que Salmos 148:4 dice, "Alábenlo, altos cielos. Alábenlo las aguas que están sobre los cielos". Esto refleja el entendimiento antiguo de que había agua sostenida por un domo arriba del cielo visible. También sabemos que esto fue escrito después del diluvio, que nos dice que los antiguos israelitas no creían que el agua de arriba de la expansión había sido vaciada por completo. Todavía quedaba agua ahí. Ellos también creían que Dios vivía arriba del domo, y que podía caminar sobre él, y este lugar arriba del domo es donde imaginaban que el "cielo" estaba. Para ellos, el cielo donde vivía Dios estaba arriba del domo. Es por esto que encontramos versos en la Biblia que asumen el concepto de un domo sólido sosteniendo las aguas del cielo:

> "Así que Dios hizo el firmamento, para separar las aguas. De modo que una parte de las aguas quedó arriba del firmamento y otra, debajo de él" (Génesis 1:7).

> "¿Puedes tú extender el gigantesco espejo de los cielos como lo hace él?" (Job 37:18).

Esto no cabe dentro de nuestra manera moderna, científica, de hablar y pensar acerca del mundo. Sabemos que no hay una bóveda con aguas arriba del cielo, pero esta manera de comprender el mundo fue usada por Dios cuando comunicó la verdad a la gente de su tiempo. Usó lo que ellos conocían y entendían para poder darse a conocer.

NIVEL 2: LA TIERRA

La palabra hebrea de Génesis 1:1 que traducimos como "tierra" puede ser traducida como "suelo". Los israelitas hubieran pensado que Dios creó la tierra que veían frente a ellos, no el planeta. Como otros en ese tiempo, hubieran creído que la Tierra era una isla plana con agua debajo de ella. Sosteniendo esta isla estaban los "cimientos de la tierra", que se levantaban como pilares sosteniendo la tierra firmemente en su lugar. Esto no coincide con nuestro entendimiento actual, científico y moderno, de cómo es la Tierra. Sabemos que no hay pilares y que nuestro planeta no está descansando sobre nada. Pero ellos lo veían diferente. En otros pasajes de la Biblia vemos cómo era que lo entendían:

> "Sacude la tierra hasta sus cimientos" (Job 9:6).

> "Tú pusiste la tierra sobre sus cimientos, y de allí nunca se moverá" (Salmos 104:5).

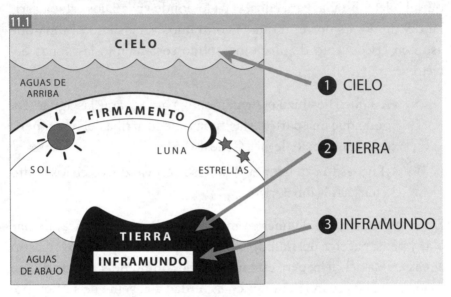

NIVEL 3: DEBAJO DE LA TIERRA – "SEOL"

El tercer nivel se conocía como seol, y se pensaba que era el área debajo de la tierra, una zona que contenía más agua. Piénsalo desde su perspectiva. ¿Qué sucede cuando escarbas lo suficientemente profundo? ¿Qué encuentras? Agua. Puedes ver por qué los antiguos asumieron que había más agua ubicada debajo de la tierra; creían que la tierra era una masa terrestre que estaba sobre más agua. En el Antiguo Testamento vemos que la palabra "seol" se usa a menudo para referirse al lugar debajo de la tierra donde iban todos los que morían.[g] No fue hasta más tarde en el Antiguo Testamento que se desarrolló la comprensión de una futura resurrección. Esta idea de una resurrección corporal se hizo más clara aún en el Nuevo Testamento.

Pero los antiguos israelitas veían esta área debajo de la tierra como un tercer nivel en su comprensión del mundo que les rodeaba.

PENSÁNDOLO BIEN

El propósito de Dios al escribir Génesis no fue darles un libro de texto de ciencia del siglo XXI pensado para contrarrestar la enseñanza evolutiva. El objetivo de Dios era comunicar la verdad sobre sí mismo y lo que había hecho al crear el mundo, y este mensaje estaba destinado a un pueblo que salía de Egipto, un lugar en donde se adoraba a muchos dioses diferentes. Dios quería que los israelitas supieran que él era el único Dios verdadero que había hecho todo: el universo, los cielos, la tierra y sus habitantes. Quería que supieran que no hay otro Dios sino el Dios de Israel.

> Es muy interesante notar que, aunque se pensaba en la antigüedad que el mundo era esencialmente plano, en el libro del profeta Isaías se afirma ¡que Dios está sentado sobre el círculo de la tierra! (Is 40.22).

CAPÍTULO 12

ENTENDIENDO EL CONFLICTO ENTRE LA BIBLIA Y LA CIENCIA

La Biblia muestra el camino al cielo, no el camino que siguen los cielos.

-Galileo

Antes de sumergirnos en algunos de los versículos de la Biblia de los que muchos comúnmente se burlan, y que se usan para atacar la credibilidad de la Biblia, veamos el ejemplo de alguien que interpretó la Biblia con sinceridad, pero lo hizo de manera incorrecta. Galileo Galilei vivió entre 1564 y 1642 en Italia, y fue astrónomo, físico e ingeniero. A veces se le conoce como el padre de la ciencia moderna por su trabajo pionero en el establecimiento del método científico.

Galileo era un astrónomo involucrado en la investigación científica, y publicó hallazgos en 1632 que afirmaban que la tierra orbitaba alrededor del sol.[1] La gente no tomó bien esta idea, creyendo que su declaración contradecía lo que creían decía la Biblia, y Galileo finalmente fue juzgado por herejía. Los líderes de la iglesia lo pusieron en arresto domiciliario ya que Galileo se rehusaba a cambiar su posición y decir otra cosa.

Dios no estaba diciendo en estos versículos que la tierra permanecía físicamente inmóvil y que el sol orbitaba alrededor de ella. Esta es

---

1. Eclesiastés 1:5; Salmos 93:1; 1 Crónicas 16:30.

una suposición que se incorpora a la interpretación de este versículo, algo añadido más allá de lo que estaba implícito en la comunicación original. Dios simplemente estaba usando un lenguaje común y cotidiano para comunicar la verdad sobre el mundo, pero no estaba haciendo una declaración científica sobre los patrones orbitales de los planetas. Con el tiempo, se hizo claro científicamente cómo la Tierra se movía en una órbita alrededor del sol.

Este es solo un ejemplo de por qué necesitamos estudiar cuidadosamente un versículo para entender lo que dice en su contexto, y no agregarle un significado científico o sacar conclusiones científicas de la Biblia, cuando esta no está destinada a ser leída de esa manera. Como dijo Galileo: "La Biblia nos enseña cómo ir al cielo, no cómo van los cielos".

Con esto en mente, consideremos algunos ejemplos de cómo se burlan de la Biblia como que es anticientífica o una locura.

¿LA BIBLIA DICE QUE DIOS CREÓ AL UNIVERSO ENTERO EN MENOS DE UNA SEMANA?

Una de las afirmaciones de la Biblia más usadas para burlarse y cuestionarla es la que dice que el universo, incluida la Tierra, fue creado en seis días de veinticuatro horas. El mundo científico actual nos dice que el universo tiene miles de millones de años.

Para esta discusión, quiero dejar claro que en lo que dice la Biblia acerca de Dios, su poder y su papel como creador, no hay razón para creer que Dios no podría haber creado todo el universo en seis días si así lo quisiera. Dios podría haberlo creado todo en seis segundos. O en seis millones de años, o en seis mil millones, si quisiera. El Dios de la Biblia es todopoderoso y omnisciente, y tiene el poder, la habilidad y la libertad para hacer cualquier cosa que quiera hacer.

Pero la pregunta no es sobre lo que Dios puede o no puede hacer. La pregunta es ¿qué estaba comunicando Dios a los antiguos israelitas en el libro de Génesis? Y lo que entendemos de esa comunicación ¿entra en conflicto con lo que sabemos hoy a partir del estudio científico del universo y sus orígenes? ¿Debemos elegir entre lo que enseña la Biblia y lo que dice la ciencia? Veamos algunos de los versículos del primer capítulo de Génesis que se usan para sugerirnos que elijamos un bando en esta batalla.

EN EL PRINCIPIO DIOS CREÓ TODO

La primera línea de Génesis 1:1 lo dice todo: "En el principio creó Dios los cielos y la tierra". Dios quiere que los israelitas que acaban de salir de Egipto, donde había adoración al sol, la luna y varios dioses y diosas, supieran sin duda alguna que todo lo que veían y conocían fue creado por él, el único Dios verdadero. Este Dios –el Dios de Abraham– es el que creó todo.

La palabra hebrea que traducimos como "crear" es *bara*, que tiene en sí los conceptos de hacer y determinar la función de lo que está siendo creado; no solo estaba haciendo los cielos y la Tierra, él los estaba diseñando con un propósito y una función. También necesitamos recordar que Dios no estaba tratando de comunicar principios científicos modernos. Les estaba diciendo a los israelitas que todo lo que ellos podían ver y conocer fue creado por él.

En el versículo 2 tenemos una descripción que suena misteriosa: "La tierra estaba desordenada y no tenía forma. La oscuridad cubría el profundo abismo…". Para un antiguo israelita este lenguaje les recordaba las historias de los dioses de otras culturas luchando y causando caos y oscuridad. Dios estaba diciéndoles que él es el verdadero Dios sobre todas las cosas, reinando sobre el caos y trayendo belleza, propósito y orden a todo.

Los israelitas están viviendo en un desierto mientras Moisés les da estas palabras, y están aprendiendo que su Dios no solo es el único Dios verdadero, sino que se preocupa por ellos. Se preocupa por lo que ha creado, a diferencia de los otros dioses. Dios los ama y está con ellos.

¿SEIS DÍAS? ¿VEINTICUATRO HORAS? ¿TIERRA JOVEN? ¿TIERRA VIEJA?

Inmediatamente después de los versículos iniciales, comienzan los días de la creación. Lo que sigue son seis patrones repetitivos donde Dios crea cosas diferentes cada día, con una tarde y una mañana para comenzar y terminar el proceso. El primer día comienza así: "Entonces Dios dijo: «¡Que aparezca la luz!». Y apareció la luz. Dios vio que la luz era hermosa, y la separó de la oscuridad. A la luz Dios la llamó «día», y a la oscuridad la llamó «noche». Pasó la tarde y pasó la mañana, y se completó, así, el primer día".

Si estamos tratando de leer estos versículos como un libro de texto de ciencia para descubrir los medios científicos por los cuales Dios creó, y observamos lo que sucedió el primer día, inmediatamente surgen varias preguntas.

> Si Dios creó la tierra, pero el sol no se creó hasta el día cuatro, ¿cómo es que la tierra se mantuvo suspendida en el aire y no se fue flotando? Sabemos que la tierra se mantiene en órbita por la atracción gravitacional del sol.

> Si se creó luz el primer día, pero el sol no se creó hasta el día cuatro, ¿cómo se creó la luz el primer día?

> La Biblia indica que hay "día" y "noche" empezando en el primer día, como si la rotación de la Tierra alrededor del sol ya hubiera comenzado. Pero el sol no fue creado hasta el día cuatro. Así que ¿cómo puede haber una mañana y una tarde antes de que el sol existiera?

> ➤ La Biblia dice que Dios separó la luz de las tinieblas, pero la luz nunca se combina con la oscuridad. La oscuridad es la ausencia de luz. ¿Qué significa entonces decir que estaban juntas y tenían que ser separadas?

Surgen muchas preguntas cuando tratamos de analizar estos versículos a través de los lentes de la física, la astronomía y la botánica modernas. Es difícil unir varios escenarios para explicar cómo pudo haber sucedido todo esto.

Dios puede hacer lo que quiera. Si, por alguna razón, quisiera tener la tierra suspendida en el espacio y mantenida en órbita sin el sol, o tener luz que diera lugar al día y la noche desde una fuente diferente a la del sol, podría hacer cualquiera de estas cosas. La cuestión no es la capacidad de Dios, sino si estamos entendiendo lo que nos está diciendo en estos versículos. Cuando tratamos de leer estos versículos como un ingeniero o un científico, perdemos el sentido de lo que Dios estaba comunicando.

Recuerda, no tenemos que forzar respuestas a versículos de la Biblia que no fueron escritos para generar las preguntas que estamos haciendo. Muchos de los debates dentro del cristianismo, así como las críticas burlonas a la Biblia, terminan siendo irrelevantes cuando aceptamos que Dios no estaba proporcionando detalles para satisfacer las preguntas de nuestra cosmovisión científica moderna. Dios estaba comunicando información vital para los antiguos israelitas.

UNA ESTRUCTURA ARTÍSTICA LITERARIA DE SEIS DÍAS, NO UNA ESTRUCTURA CIENTÍFICA

Una lectura superficial de Génesis 1 y los seis días de la creación, a menudo pasa por alto el diseño literario-artístico del texto hebreo. Una mirada más cercana revela una estructura paralela en la que los

PODEMOS USAR TODO NUESTRO TIEMPO HACIÉNDOLE PREGUNTAS CIENTÍFICAS A LA BIBLIA SOBRE LA CREACIÓN, PERO DE ESA FORMA NOS PERDEMOS LA BELLEZA DE LO QUE DIOS ESTABA COMUNICANDO A LOS DESTINATARIOS ORIGINALES.

primeros tres días de la creación son paralelos a los últimos tres. Captamos indicios de este marco en Génesis 1:2 (NTV) cuando dice: "La tierra no tenía forma y estaba vacía…". Esto establece nuestras expectativas para lo que viene después. Dios está a punto de tomar lo que no tenía forma y, en los primeros tres días, le dará una forma y función. Después de que lo forma, lo llena. Los días uno a tres tratan sobre la falta de forma de la tierra, dándole entonces forma y función. Los días cuatro a seis tratan sobre el vacío, y entonces se llena lo que está vacío. En todo esto, el punto más importante es claro: Dios está poniendo orden al caos. Y usa la simetría de la narrativa de la creación para comunicar lo que ha hecho.

La Tabla 12.1 ilustra esto con los primeros tres días describiendo lo que Dios forma, y los siguientes tres días mostrando cómo llena lo que hizo en los primeros tres días.

Tabla 12.1

	Problema: La creación "no tenía forma y estaba vacía".	
	Dios forma	Dios llena
El trabajo de Dios	Día 1: separa luz de oscuridad	Día 4: luz del día y oscuridad de la noche
	Día 2: cielo y mar	Día 5: pájaros y peces
	Día 3: tierra fértil	Día 6: animales de la tierra, incluyendo al ser humano
	Resultado: El trabajo de la creación se termina y Dios puede descansar (Gn 2:2).	

Nota que el enfoque de Dios es comunicar que él tiene un propósito y diseño, y que es el Creador de todo lo que existe. Él creó, formó y llenó, no los dioses egipcios, ni el sol ni la luna. Y la simetría de formar y llenar comunica algo profundo y poderoso. Nuestras preguntas técnicas e intentos de diseccionar el texto parecen irrelevantes; es un ejercicio para perder el punto. Dios está comunicando su asombroso poder y hermoso propósito para todo a través del movimiento poético y la simetría de la historia. Podemos usar todo nuestro tiempo haciéndole preguntas científicas a la Biblia sobre la creación, pero de esa forma nos perdemos la belleza de lo que Dios estaba comunicando a los destinatarios originales.

La lectura cuidadosa del primer relato de creación (Gen 1.1—2.4) revela que el Dios bíblico crea de forma ordenada. En los primeros tres días creó los espacios necesarios para la subsistencia, y en los segundos tres días, llenó esos espacios con peces, aves, y animales y personas. El Dios creador es también ordenado.

Un día puede ser veinticuatro horas o puede ser más largo

Cuando leemos los siete días de Génesis 1, nos ayuda el entender que la palabra que traducimos como "día" en estos versículos es la palabra hebrea *yom*, que puede tener varios significados diferentes. Solo en los escritos de Moisés (los primeros cinco libros de la Biblia) la palabra *yom* se usa para significar:

- Una semana entera, en Génesis 2:2.
- Un período de tiempo, probablemente varios meses, en Génesis 4:3.
- Una eternidad, en Génesis 44:32.
- La vida física, en Génesis 43:9 y Deuteronomio 4:40 y 19:9.

> ➤ Un lapso de tiempo igual a cuarenta días, en Deuteronomio 10:10.

Moisés usó la palabra *yom* para representar doce horas, veinticuatro horas, la semana de la creación, cuarenta días, varios meses, toda una vida y la eternidad. *Yom* puede referirse a la forma en que pensamos el día, como el período de veinticuatro horas que tarda la tierra en girar sobre su eje. Pero luego, en el siguiente capítulo (Génesis 2:2), después de pasar por los siete días, Moisés resume los siete días juntos como un "día". Claramente, la palabra puede usarse para significar diferentes cosas, desde un período de veinticuatro horas hasta uno mucho más largo.

Independientemente de cómo interpretemos la palabra "día", está claro que los memes que se burlan de las supuestas discrepancias y contradicciones de los seis días de la creación no tienen sentido. No están entendiendo lo que dice el texto. Están leyendo sus propias suposiciones y preguntas sobre la asombrosa narrativa que nos muestra la obra de Dios en Génesis 1.

DIFERENTES PUNTOS DE VISTA SOBRE LOS SEIS DÍAS

Puede haber más de una opción para comprender e interpretar estos primeros capítulos de Génesis. En lo que sigue, proporcionaré algunas interpretaciones diferentes sobre los seis días por parte de cristianos creíbles y confiables. Cada forma de interpretar estos versículos tiene fortalezas y debilidades, y debido al alcance y los objetivos de este libro, solo estoy abordando un resumen amplio de estos puntos de vista, sabiendo que se pueden estudiar más y ver cada uno con más detalle. Cada interpretación tiene sus correspondientes preguntas, sus pros y sus contras. Pero cada una sostiene la opinión de que la Biblia es completamente fidedigna, inspirada y verdadera.

La interpretación "Tierra Joven"

La primera opción interpretativa es comúnmente llamada la "Tierra Joven". Este punto de vista tiende a recibir más atención en los debates entre Biblia y ciencia, porque interpreta los días de Génesis 1 como periodos de veinticuatro horas y entiende las genealogías de Génesis como relatos completos y precisos del tiempo que va de la creación del universo hasta el día de hoy. Esto lleva a la conclusión de que tanto el universo como la tierra son relativamente jóvenes, creados hace alrededor de seis mil a diez mil años. Este punto de vista sostiene que los seres humanos y los dinosaurios caminaron sobre la tierra al mismo tiempo, e interpreta los capítulos 1 y 2 de Génesis como sencillos y literales.

Génesis no es un libro de texto de ciencia moderna o el periódico de ayer. No se ajusta a las preguntas o suposiciones de nuestra visión del mundo. Una de las debilidades de la interpretación de la Tierra Joven es que se puede estar haciéndole unas preguntas al texto que el mismo nunca tuvo intención de responder.

Si sigues una lectura literal y directa de la historia de Génesis, la perspectiva de la Tierra Joven parece tener sentido. Sin embargo, como mostramos en este libro, los buenos métodos de estudio de la Biblia implican más que una simple lectura literal de cada versículo. Por ejemplo, es útil saber que las genealogías antiguas se usaban para algo más que una contabilidad estricta de años. Las genealogías se escribían principalmente con el propósito de establecer la credibilidad de una familia e identificar sus raíces tribales. La palabra hebrea para «hijo» (*ben*) en estas genealogías puede significar igualmente un nieto, un bisnieto o alguien incluso más atrás, a veces incluso saltándose generaciones. La palabra para padre (*abba*) también puede significar abuelo, bisabuelo o tatarabuelo, a veces saltándose también algunas generaciones.

Esto nos presenta dificultades cuando tratamos de calcular una fecha para la creación por medio de este método. Si bien debemos aplaudir el deseo de leer las Escrituras con precisión, si intentamos aplicarle al texto nuestros estándares de precisión y comprensión a cómo debería ser una relación generacional, llegaremos a conclusiones inexactas.

He hablado con varias personas que eran de iglesias que enseñan la posición de que si no tienes este punto de vista, no estás tomando la Palabra de Dios en serio. No podría estar más en desacuerdo. Debido a que tomamos en serio la Palabra de Dios, nos esforzamos por tratar de comprender el contexto original, la cultura de la época y para quién y por qué se escribió originalmente Génesis. Un estudio bíblico más profundo no es una excusa para dudar de la Palabra de Dios. Es simplemente obedecer lo que dice la Biblia cuando nos insta a cada uno de nosotros a ser obreros que "interpretan correctamente la palabra de Dios". Esto significa hacer un esfuerzo en nuestro estudio e ir más allá de la superficie cuando sea necesario.

La interpretación "Apariencia de Edad"

Un segundo punto de vista dice que la Tierra es relativamente joven en edad y que fue creada en seis días literales de veinticuatro horas. Aquellos que tienen este punto de vista argumentan que Dios creó el mundo para que pareciera tener miles de millones de años. Sostienen este punto de vista como una forma de reconciliar una interpretación literal de Génesis y la historia de la creación con los estudios y teorías científicas que sugieren que la tierra es mucho, mucho más antigua. Una forma sencilla de comprender la lógica de este punto de vista es observar la creación de Adán. Dado que Dios creó a Adán como un adulto completamente desarrollado, surge la pregunta: ¿por qué Dios no pudo crear también a la tierra «completamente desarrollada», con la apariencia de una edad mucho mayor? Esta posición es algo especulativa y carece de un apoyo directo en las Escrituras. No encuentro mucha gente que sostenga este punto de vista, pero es interesante para reflexionar.

Algunos critican este punto de vista porque sugiere que, al crear el universo con la apariencia de ser muy antiguo, Dios estaba actuando engañosamente, dando a lo que vemos una apariencia que no se corresponde con la realidad.

La interpretación de la "Brecha"

Una tercera interpretación argumenta que hay una brecha de miles de millones de años entre los eventos de Génesis 1:1 y Génesis 1:2. En Génesis 1:1 leemos "En el principio creó Dios los cielos y la tierra". Aquellos que tienen este punto de vista de la «brecha» creen que este es el comienzo de la creación, y que puede haber criaturas vivas que se crearon o evolucionaron durante este tiempo. Después de esta larga brecha de miles de millones de años entre el versículo 1 y el versículo 2, Dios inició una "re-creación" de todo, y esto sucedió hace relativamente poco tiempo, en un período de seis días de veinticuatro horas. La brecha de miles de millones de años explica lo que vemos cuando encontramos fósiles de dinosaurios, examinamos núcleos de hielo y teorizamos sobre su edad o estudiamos formaciones geológicas. Esta interpretación es otra forma de aceptar lo que la ciencia enseña sobre la Tierra como teniendo una antigüedad de miles de millones de años, al mismo tiempo que mantiene la creencia de que Dios creó algo durante seis días de veinticuatro horas *después* de ese largo intervalo de tiempo. No muchos cristianos hoy en día sostienen este punto de vista, pero es una opción interesante para reflexionar.

La interpretación de "Preparar el jardín y la tierra prometida"

Una cuarta interpretación sostiene que la referencia de Génesis 1:1 a «En el principio…» se refiere a un período de tiempo indefinido, que podría ser de millones o miles de millones de años. Durante ese período de tiempo Dios creó todo, los cielos, la tierra, el sol, la luna, el universo. Luego, comenzando con Génesis 1:2 (NTV), Dios comenzó el proceso de tomar lo que «no tenía forma y estaba vacío» (una frase que en hebreo significa un desierto desolado e inhabitable), y comenzó a crear y dar forma al jardín del Edén y la tierra prometida de Israel que su gente habitaría más tarde. Los seis días de la creación no son un intento de darnos una imagen completa y detallada de todo lo que Dios hizo al crear el universo. En cambio, nos ayudan a comprender cómo Dios creó el jardín de Edén y la tierra prometida, no toda la tierra (que ya había sido creada).[a] Esta es otra opción interpretativa fascinante de considerar.

La interpretación del "Día-Edad"

Un quinto punto de vista dice que cada "día" de los seis días fue en realidad una larga época de tiempo y no un día de veinticuatro horas. Dado que la palabra hebrea para día (*yom*) puede significar más que un período de veinticuatro horas, esta interpretación permite que cada "día" al que se hace referencia en la narración represente un lapso mucho más largo, posiblemente de millones o incluso miles de millones de años. Este punto de vista sostiene que la narración registra el orden secuencial de la creación, con cada día representando una edad o período de un largo proceso. Los objetos que se están descubriendo hoy y las teorías científicas sobre la edad de la tierra no estarían en conflicto con la Biblia, ya que esta podría simplemente estar relatándonos el orden de la creación, y no el tiempo que tomó completar el mundo.

La interpretación del "Templo de Dios"

El sexto punto de vista es una interpretación extremadamente intrigante que interpreta al templo de Dios como los cielos y la tierra.[b] Vemos evidencia de esto en Isaías 66:1–2. Aunque el pueblo de Dios iba a reconstruir el templo en Jerusalén, Dios dice que no puede tener un edificio para albergarse porque la tierra y el cielo son su templo.

"El cielo es mi trono y la tierra es apoyo para mis pies. ¿Qué templo semejante a este pueden construirme ustedes? Mis manos hicieron la tierra y el cielo, los cuales son míos. Pero siento inclinación por el hombre de corazón humilde y contrito, que tiene reverencia ante mi palabra".

En este punto de vista interpretativo, la historia de la creación de seis días no pretende darnos un relato detallado de todo el cosmos, sino más bien la historia de Dios creando su templo (el cielo, que es su trono, y la tierra, su apoyo). En los capítulos 1 y 2 de Génesis, Dios está describiendo el proceso de preparar su templo y poner las cosas en orden antes de establecerse en él el séptimo día y descansar.

Encontramos este patrón en la Biblia, en la construcción de siete años del templo en Jerusalén bajo el rey Salomón en 1 Reyes 6:38, a la que sigue un ritual de dedicación de siete días (la Fiesta de los Tabernáculos). Los cilindros sumerios de Gudea también relatan la construcción de un templo que termina en una ceremonia de consagración de siete días.[c]

Haciendo coincidir estas ceremonias de preparación del templo con Génesis 1 y 2, encontramos varios paralelos claros. Después de los seis días de preparación de los cielos y la tierra, Dios toma residencia y "descansa" el séptimo día. Su trabajo y deberes apenas comienzan; dirige las cosas después de instalarse en su templo.[d]

Hay similitudes entre la descripción del jardín de Edén y los detalles del templo construido más tarde en Jerusalén (y el tabernáculo ambulante que hubo antes). Ambas estructuras tienen una gran cantidad de imágenes tomadas o que hacen referencia al jardín del Edén. Esto apoya la idea de que el jardín original del Edén es más que un bonito jardín. Es un santuario y templo arquetípico de la presencia de Dios. En el templo de Dios, instaló el jardín donde habitó con Adán y Eva. De hecho, muchas de las responsabilidades que Dios le da a Adán son similares a las tareas de un rey, así como a las responsabilidades sacerdotales de quienes sirven en un templo.

Obviamente, la interpretación del "templo de Dios" abre muchas opciones que podrían explicar la mecánica de cómo Dios creó el mundo y cómo eso podría reconciliarse con los relatos científicos. No intenta darnos una explicación científica. Este punto de vista intrigante deja varias preguntas sin respuesta, como lo hacen todos los puntos de vista, pero nos ayuda a comprender mejor la Biblia viéndola a través de la lente de una cosmovisión del antiguo Cercano Oriente.

La interpretación de la "Creación Evolutiva"

Cuando la mayoría de los cristianos piensan en "evolución", asumen que automáticamente se refiere a un proceso en el que la vida se desarrolló sin Dios. Los cristianos pueden suponer que la evolución, una alternativa a la creación, es aquello en lo que creen los ateos porque no creen en Dios. Pero esta es solo una forma de ver la evolución, que asume que esta sucedió por casualidad, por selección natural y sin la participación de Dios. Esa no es la única manera de ver la evolución.

Esta séptima forma de interpretar la historia de la creación de Génesis sostiene que esta es inspirada por Dios, y autoridad para la vida y la doctrina cristianas, pero al mismo tiempo afirma que Dios puede haber usado el proceso de evolución en el acto de crear. Los capítulos

1 y 2 de Génesis no deben interpretarse literalmente (como vimos en algunos de los ejemplos anteriores), ya que las Escrituras no nos dan detalles científicos de cómo Dios creó. Es posible que Dios haya usado los medios de la evolución en sus procesos creativos.

Esta no es la evolución darwiniana, donde la vida fue creada a través del azar y la selección natural. Este punto de vista ve la creación como algo intencional y con un propósito, con Dios directamente involucrado en el proceso, y usando la evolución para lograrlo.[e]

Este concepto puede ser nuevo para algunos lectores. Si bien las teorías evolutivas que requieren de un proceso sin intervención o guía divinas están en contra de la enseñanza de la Biblia, existe una visión alternativa que cree que Dios estuvo íntimamente involucrado en el proceso de creación mientras usaba la evolución para llevarlo a cabo. Desde este punto de vista, Dios estableció y mantiene las leyes de la naturaleza, y estas incluyen un proceso de evolución con un propósito.

Esta visión ve a un Diseñador inteligente detrás del trabajo de creación, y ese Diseñador usó las herramientas de la evolución para crear este mundo y a sus habitantes.

El creacionismo evolutivo cree que Dios estuvo detrás de todo el proceso de creación de los seres humanos. Este punto de vista también sostiene que Dios los creó distintos a las otras criaturas, a su imagen, por lo que son diferentes de todo lo demás que creó. Solo a los seres humanos se les da el "aliento de vida".

Con tantas formas posibles de interpretar Génesis y la narrativa de la creación, surgen muchas preguntas. Cómo pudo Dios haber usado el proceso de evolución, cuando la Biblia también dice que no hubo muerte antes de Adán.[2] Esta es una pregunta importante, y hay varias maneras de responderla. Una sería reconocer que el registro fósil

---

2.   1 Corintios 15:21, 45; Romanos 5:12; 8:20–22.

muestra que muchas criaturas murieron antes de que aparecieran los humanos. Sin embargo, cuando leemos acerca de la maldición de Génesis 3 dada a Adán y Eva, la maldición en sí misma no dice nada acerca de la vida animal. Cuando Dios habló del castigo de muerte por la desobediencia de Adán y Eva, Dios se estaba refiriendo a su muerte como seres humanos. Adán y Eva experimentaron la muerte porque fueron en contra de la guía y dirección de Dios. Entonces, si la muerte de animales sucedió antes de esto, no necesariamente se entra en conflicto con la Biblia, ya que simplemente estamos argumentando que ninguna muerte humana ocurrió antes de Adán y Eva, quienes fueron los primeros seres creados a imagen de Dios.[f]

SER UN CRISTIANO PENSANTE CON BASES EN LA BIBLIA

El objetivo de este libro y de este capítulo es ayudarte a entender la variedad de opciones disponibles para los cristianos, incluyendo el creacionismo evolutivo que cree que Dios usó la evolución para crear una visión que continúa teniendo una alta consideración de las Escrituras. Al estudiar los primeros capítulos de Génesis, recuerda que no fue escrito para explicar el proceso científico de cómo Dios creó todo. Cuando lo leemos a través de los ojos de la audiencia original, intentando entender el propósito por el cual fue escrito, nos permite varias opciones —incluyendo un proceso de evolución guiada— como el medio por el cual Dios creó.

Uno de mis objetivos al explicar las varias interpretaciones es ayudarte a ver que no hay necesidad de tener un conflicto entre el cristianismo y la ciencia. Muchos académicos respetados y líderes de iglesia que tienen a las Escrituras como su máxima autoridad pueden reconciliar esta tensión. Incluso el evangelista Billy Graham tenía una postura similar cuando dijo:

No creo que haya ningún conflicto entre la ciencia de hoy y las Escrituras. Creo que hemos malinterpretado las Escrituras muchas veces, y hemos tratado de hacerles decir cosas que ellas no intentaban afirmar, y creo que nos hemos equivocado al pensar que la Biblia es un libro científico.

La Biblia no es un libro de ciencia. La Biblia es un libro de redención y, por supuesto, acepto la historia de la Creación. Creo que Dios creó el universo. Creo que Él creó al hombre, pero si este surgió, ya sea por un proceso evolutivo en el que en un cierto punto Dios tomó a esa persona o a ese ser y lo convirtió en un alma viviente, o no, eso no cambia el hecho de que Dios creó al hombre.[g]

Hemos visto algunas opiniones diferentes, todas sostenidas por eruditos piadosos que tienen un compromiso total con la autoridad y la inspiración de las Escrituras. La Tabla 12.2 puede ayudarte a realizar un seguimiento de las diferentes opciones que analizamos, colocando las diversas interpretaciones en categorías más grandes. Puedes ver que la evolución atea contradice directamente la historia bíblica de la creación con Dios como creador, y que las demás, incluida la creación evolutiva, no lo hacen.

Tabla 12.2

	Evolución Atea	Creacionismo de Tierra Joven	Creacionismo de Tierra Vieja	Creación Evolutiva
Dios creó la Tierra y la vida	No	Si	Si	Si
La Tierra tiene miles de millones de años	Si	No	Si	Si
La evolución describe como la vida se desarrolló	Si	No	No	Si

Cortesía de Deborah Haarsma de BioLogos (biologos.org)

Uno de los puntos principales de nuestro estudio de los primeros capítulos de Génesis y la historia de la creación es sugerir que en realidad no hay un conflicto entre la ciencia y la Biblia. Si observamos la razón y el propósito originales de por qué se escribieron los primeros capítulos, comenzamos a ver que Dios no estaba respondiendo a la mayoría de nuestras objeciones o preguntas científicas. Casi todas las críticas o preguntas que surgen, como que la Biblia enseña que la Tierra tiene seis mil años o como entender que la Tierra se creó el día uno y el sol se creó el día cuatro, son preguntas que la Biblia nunca trató de responder.

> La gran afirmación teológica en torno a la creación en el libro de Génesis es que fue el Dios bíblico el que creó los cielos, la tierra y las personas. El mensaje fundamental de las narraciones de la creación es que las personas no son producto de la casualidad genética ni del capricho evolutivo. La verdad bíblica incuestionable es que solo Dios tiene la capacidad y el deseo de crear el mundo y la historia, y los seres humanos.

LA "MUJER-COSTILLA" NO ERA UNA MUJER-COSTILLA

Mucha de la burla de la Biblia tiene que ver con Génesis 2:20–22 (NVI) que dice: "Así el hombre fue poniéndoles nombre a todos los animales domésticos, a todas las aves del cielo y a todos los animales del campo. Sin embargo, no se encontró entre ellos la ayuda adecuada para el hombre. Entonces Dios el Señor hizo que el hombre cayera en un sueño profundo y, mientras este dormía, le sacó una costilla y le cerró la herida. De la costilla que le había quitado al hombre, Dios el Señor hizo una mujer y se la presentó al hombre".

La palabra hebrea que traducimos como "costilla" es *tsela*. En otros pasajes donde se usa *tsela* o sus variantes, generalmente se traduce a la palabra inglesa "lado". En el libro del Éxodo, también escrito por Moisés, las palabras *tselo* (una variante) y *tselot* (plural) se usan para referirse a los "lados" iguales del arca del pacto. La palabra se usa para los "lados" del altar –en ambos casos significa los lados opuestos e iguales del objeto.

Es claro que Dios estaba creando a Eva e indicando que ella era la mitad de Adán, una mitad igual. Es un acto imbuido de simbolismo para comunicar que Dios hizo a Eva igual a Adán, como dos lados paralelos del arca del pacto. Eva no es menos que Adán ni está subordinada a Adán. Ella es la mitad que le falta a Adán, una compañera hermosa y puesta en igualdad con él.

Debemos leer este pasaje a través del lente interpretativo de los antiguos israelitas, considerando lo que entenderían y lo que sabían en ese momento. Algunos eruditos confiables ven esta descripción como una visión que Adán tuvo en la que ve la mitad de sí mismo siendo utilizada simbólicamente para formar a Eva, su igual y compañera.

Leemos que cuando Dios creó a Adán, Dios lo hizo del polvo de la tierra y le dio vida. Este versículo no describe un proceso científico por el cual Dios tomó polvo y lo transformó en Adán. Cuando el pasaje nos dice que Dios sopló en Adán, no implica un acto físico, ya que Dios es un ser espiritual que no tiene pulmones. Esta es la forma en que Dios comunica la verdad a los antiguos israelitas, con poesía y simbolismo, y no es un intento de explicar la creación de los seres humanos a través de un lente médico-científico.

Eva fue creada por Dios de una manera que no se explica con los detalles científicos que podríamos querer hoy. En cambio, se nos dice que Eva era una compañera igual a Adán, creada a la imagen de Dios, y ese es el punto que Dios quiere que entendamos. Entonces, cuando alguien te pregunte: «¿Eva realmente fue creada de una costilla?», espero que puedas ayudarlos a comprender mejor lo que Dios estaba comunicando a través de este versículo que suena loco.

Las referencias en el segundo relato de creación (Gen 2.4b-25), en torno a que la mujer fue sacada de la costilla del hombre, habla elocuentemente de la cercanía que debe existir en las familias y los matrimonios. La imagen es de intimidad, proximidad, continuidad, pertenencia mutua, interdependencia…

¿QUÉ PASA CON LA SERPIENTE PARLANTE?

Hablemos de la serpiente parlante. Hay algunas cosas fascinantes que suceden aquí cuando miras más profundamente. Más adelante en la Biblia, en el libro de Apocalipsis, vemos a esta serpiente identificada como Satanás, más comúnmente llamado el diablo.[3] Pero aquí, en Génesis 1, no tenemos detalles sobre la identidad de esta criatura y no sabemos mucho sobre ella. La palabra traducida al español como "serpiente" es la palabra hebrea *nachash*. Los académicos hebreos dicen que esta palabra tiene un triple sentido que simplemente no se traduce bien.[h] Como algunas de nuestras palabras, *nachash* puede ser un sustantivo, un verbo o un adjetivo. Aquí, en Génesis, el autor parece hacer algún juego de palabras.

> Como sustantivo, *nachash* significa "serpiente".

> Como verbo, significa "adivinar"; el *nachash* significa "el adivino".

> Como adjetivo, significa "brillar"; el *nachash* significa "el que brilla".

Permíteme explicar algo de esta serpiente. Las Escrituras indican que cuando Dios creó los cielos y la tierra, había creado un consejo celestial de seres espirituales llamados "los hijos de Dios". Leemos

---

3. Apocalipsis 12:9.

que lo vieron crear e incluso "gritaban de alegría".[4] Aunque a menudo escuchamos que cuando Génesis 1:26–27 (NVI) dice: "Hagamos al ser humano a nuestra imagen y semejanza", el "nosotros" se refiere a la Trinidad, es probable que el "nosotros" sea el concilio celestial. Son seres divinos que Dios creó como una familia sobrenatural antes de crear a la familia humana. Ves a estos hijos de Dios mencionados en el Salmo 82, e incluyen a los que vemos llamados como «ejército celestial» o «consejo celestial» en las Escrituras.

El jardín del Edén era básicamente el templo de Dios. Ahí estaba Dios, y probablemente lo acompañaba su consejo celestial, los hijos de Dios. Tendría sentido porque un rey tiene su consejo con él. Así que uno de estos hijos de Dios del concilio celestial en Edén se rebeló contra Dios, y tomó forma de serpiente (*nachash*). Observando el juego de palabras de la palabra "serpiente", podemos ver que un miembro del consejo divino angélico, en la forma de una brillante figura de serpiente, se rebeló contra Dios y fue a Adán y Eva para convencerlos de que también se rebelen contra él. Sé que algo de esto puede sonar complicado, y es posible que nunca hayas oído acerca de un consejo divino, y a los hijos de Dios y la serpiente como miembros de ese consejo. Puedo asegurarte de que estos son puntos de vista muy creíbles, sobre los que puedes leer en profundidad en algunos de los grandes escritos académicos.[i]

Entonces, ¿había una serpiente parlante como aquella de la que comúnmente se burlan de los memes y los libros? No, al menos no en la forma en que normalmente pensamos en una serpiente hoy en día. Más bien, era un ser angelical divino de algún tipo, que aparecía en forma de serpiente, una forma que representaba el mal en ese período de tiempo. Exactamente cómo se veía ese ser, no lo sabemos. La Biblia no nos lo dice, y el lenguaje bien puede ser simbólico o

---

4. Job 38:7.

figurativo, por lo que es un error convertir esta escena en una caricatura de *El libro de la selva*. Eso está lejos del significado del texto original.

En la narración de Génesis, la serpiente representa la duda y el rechazo a la palabra y los mandamientos de Dios. Más que un animal cualquiera, en el relato bíblico, esa serpiente es el agente del mal que desea que Adán y Eva desobedezcan la orden divina, que no solo es rebeldía a la revelación, sino la manifestación clara de un sentido de orgullo propio e independencia del plan de Dios para la humanidad.

PODEMOS CREER EN LA BIBLIA Y LA CIENCIA

Muchos de los eventos descritos en la historia de la creación son criticados por despreciar la ciencia. Pero espero que ahora puedas ver que no hay razón para optar entre la ciencia o la Biblia, porque esta no aborda la mayoría de las preguntas científicas que le hacemos. Hay muchas ocasiones en que Dios altera las leyes naturales para causar milagros, haciendo que estos no se rijan de acuerdo con las teorías científicas o de nuestra comprensión del mundo. La resurrección de Jesús es la piedra angular de la fe cristiana, y es la historia de un hombre que murió y resucitó después de tres días. Esto no fue solo una muerte temporal de unos minutos u horas o de incluso un día. Tres días después, Jesús resucitó corporalmente de entre los muertos. Y la Biblia presenta a Jesús como alguien que podría desafiar todo lo que sabemos de la ciencia al caminar sobre el agua, sanar a los ciegos y curar instantáneamente la lepra. No puedes explicar estos milagros con metáforas o lenguaje figurado. Pero ese es el punto. En estos lugares, Dios nos estaba mostrando que él es Dios y estaba usando lo imposible para mostrarnos eso.

Recuerda, es fácil burlarse de la Biblia, pero eso es solo porque necesitamos aprender cómo (no) leer la Biblia. Cuando simplemente sacamos versículos, y no les dedicamos tiempo y esfuerzo para entender lo que están tratando de decirnos, podemos generar algunos memes bíblicos anti-ciencia geniales, pero eso no es lo que la Biblia realmente dice.

PARTE 4 – RESUMEN

JESÚS MONTADO SOBRE UN DINOSAURIO

> Los primeros capítulos de Génesis fueron escritos para el pueblo de Israel después de haber estado en esclavitud en Egipto durante cuatrocientos años. Dios quería comunicarles quién es él, hablarles del pacto que hizo con Abraham, su antepasado. Dios no estaba tratando de comunicar la ciencia y los métodos de cómo creó exactamente el mundo.

> Leer la Biblia como un manual científico y hacerle preguntas científicas sobre la edad de la tierra, la duración de los días, en qué orden específico se creó todo, y si Eva fue hecha de una "costilla" humana real, no es lo que los primeros capítulos de Génesis tuvieron la intención de responder. Esto es leer Génesis incorrectamente, y hacerle preguntas que nunca tuvo intención de responder, perdiéndonos así el mensaje del texto.

> Hay muchas formas válidas de interpretar los primeros capítulos de Génesis, que incluso incluyen la posibilidad de que Dios usara la evolución para crear. Hay muchos misterios que simplemente no conocemos, detalles que las Escrituras no nos dan. Lo que sí podemos saber es que Dios creó todo.

La "serpiente que habla" en el jardín no es como Kaa en *El libro de la selva* o algo salido de una fábula. La criatura en el jardín no era una «serpiente», sino un ser angelical que apareció en alguna forma con apariencia de serpiente, un ser que luego supimos que era Satanás.

PARTE 5

¿EL CRISTIANISMO AFIRMA QUE TODAS LAS DEMÁS RELIGIONES ESTÁN MAL?

CAPÍTULO 13

MI DIOS PUEDE VENCER A TU DIOS

Los cristianos tienen esta actitud de "mi Dios es el Dios más grande del barrio y puede vencer a tu dios".

-Una no cristiana describiendo las razones por las que no es cristiana.

Todavía recuerdo el día que cambió el curso de mi vida. Varios grupos universitarios estaban repartiendo materiales promocionales de diferentes clubes del campus. Había desde clubes de baile hasta grupos políticos y religiosos, la mayoría de ellos cristianos. En ese momento, la religión estaba lejos de mi mente.

Una de las mesas cristianas estaba repartiendo panfletos que decían: «Jesús es el único camino», con un versículo donde Jesús dice: "Yo soy el camino, la verdad y la vida. Nadie puede llegar al Padre si no es por mí".[1]

Me quedó claro que estaban diciendo que solo Jesús era el camino a Dios. Esto implicaba que si tenías creencias diferentes o pertenecías a otra religión mundial, esas creencias estaban mal y no te llevarían al cielo. Decían que solo si eras cristiano y creías en Jesús podías llegar al cielo.

---

1. Juan 14:6.

Tal vez eres cristiano y leer la frase «Jesús es el único camino a Dios» te parece normal. Puede que no pienses mucho en ello ya que estás acostumbrado a escucharlo. Pero para alguien que no es cristiano, la afirmación de que Jesús es el único camino a Dios y que todos los demás caminos son incorrectos parece algo audaz, intolerante, divisivo e incluso odioso. Vivimos en un mundo muy pluralista y diverso, y para muchas personas, la afirmación que hizo Jesús en la Biblia suena a locura.

Me senté en el patio y leí más del pequeño panfleto. Encontré más versos que indican lo mismo. Este no era solo un versículo bíblico aislado que afirmaba esto. Había otros:

> ➤ "Hay un solo Dios y un solo mediador entre Dios y los seres humanos, Jesucristo hombre" (1 Timoteo 2:5).

> ➤ "¡En ningún otro hay salvación! No hay otro nombre bajo el cielo que los hombres puedan invocar para salvarse" (Hechos 4:12).

> ➤ "Así que el que tiene al Hijo de Dios tiene la vida; el que no tiene al Hijo, no tiene la vida" (1 Juan 5:12).

Al leer estos versos tenía muchas otras preguntas y emociones. Aquí hay algunas que puedes considerar también:

> ➤ En un mundo de más de siete mil millones de personas, con tantas religiones mundiales diferentes, ¿enseña la Biblia que dos tercios de las creencias de la población mundial están equivocadas?

> ➤ ¿Qué pasaría si esta chica detrás de la mesa hubiera nacido en Tailandia? Esa misma chica ¿no estaría repartiendo panfletos budistas en lugar de cristianos, ya que más del 90 por ciento de las personas en Tailandia son budistas?

> ¿Cómo es posible que el cristianismo afirme ser el único camino hacia Dios sabiendo que existen muchas otras religiones que anteceden al cristianismo como el budismo y el hinduismo?

> Si la Biblia dice que Jesús es el único camino, ¿qué pasa con todos aquellos que nunca han oído hablar de Jesús en todo el mundo y no son cristianos?

MI DIOS ES EL DIOS MÁS GRANDE DEL BARRIO Y PUEDE VENCER A TU DIOS

En los días, semanas y meses que siguieron, seguí teniendo preguntas que no podía sacarme de la cabeza, así que tuve que explorar más. Nunca había considerado la afirmación de la Biblia de que el cristianismo era la única religión verdadera que te podía llevar a Dios. ¿No es por eso por lo que se pelearon las guerras, cuando las religiones afirmaron ser las únicas correctas sobre todas las demás?

Hoy en día, esta pregunta surge todo el tiempo. Con la creciente conciencia de otras religiones mundiales, y de las muchas personas que abandonan la iglesia, esta es una pregunta que todo cristiano pensante

PARA ALGUIEN QUE NO ES CRISTIANO, LA AFIRMACIÓN DE QUE JESÚS ES EL ÚNICO CAMINO A DIOS PARECE ALGO AUDAZ, INTOLERANTE, DIVISIVO E INCLUSO ODIOSO.

debe considerar. Y más allá de eso, ¿cómo se transmiten estos versículos de la Biblia a la gente? Tengo una amiga que no es cristiana, que resumió su experiencia sobre los cristianos con un toque de tristeza. Ella me dijo que la mayoría de los cristianos tienen una actitud de "mi Dios es el Dios más grande del barrio que puede vencer a tu dios".

Cuando estás cara a cara con alguien que es ateo, budista, hindú, musulmán o de cualquier religión no cristiana, es difícil defender estos versículos, porque les suenan locos. Si eres cristiano, probablemente hayas estado rodeado de personas con una fe similar a la tuya. Ahora imagina ir al centro de la India a visitar una hermosa familia de devotos y amorosos hindúes. Te sientas a su mesa, los miras a los ojos, y luego les dices que la Biblia enseña que «Jesús es el único camino a Dios». No sería algo fácil. No importa cómo lo digas, se siente como si estuvieras insultando lo que es sagrado e importante para ellos.

La verdad es que no tenemos que viajar a la India para enfrentar esto, ya que los cristianos de hoy estamos rodeados de personas de diferentes creencias. Entonces, ¿cómo le damos sentido a estos versículos de la Biblia en nuestra cultura pluralista?

Un tema bíblico indispensable en los diálogos teológicos es el rechazo expreso a los dioses nacionales y regionales en el Oriente Medio. El problema real no es propiamente contra las diversas religiones, sino contra el politeísmo, la idolatría y las prácticas religiosas asociadas a esas creencias. En esas ceremonias religiosas, entre otras prácticas cuestionables, había sacrificios humanos y relaciones sexuales de las sacerdotisas con los adoradores, y esos actos están diametralmente en oposición de la voluntad divina que honra a las personas y dignifica a las mujeres.

CAPÍTULO 14

EL AMOR ES EL CAMINO, LA VERDAD Y LA VIDA

Un hombre convencido de la verdad de su religión nunca es verdaderamente tolerante.

-Albert Einstein

Muchas personas creen que si tienes creencias religiosas fuertes, eres intolerante con todas las demás creencias. Eso ciertamente es el sentido detrás de la cita de Albert Einstein en el epígrafe. Y tiene sentido. Hay muchos versículos de la Biblia que afirman que solo hay un camino hacia Dios. Jesús mismo dijo estas palabras: "Yo soy el camino, la verdad y la vida. Nadie puede llegar al Padre si no es por mí".[1] Esto no es algo políticamente correcto. Entonces, ¿cómo tratamos este versículo y otros que hacen afirmaciones similares? Primero, recuerda: «Nunca leas un versículo de la Biblia» y fíjate en cómo estos versículos encajan en la historia bíblica más amplia. Ese es el objetivo de este capítulo.

---

1. Juan 14:6.

EN EL PRINCIPIO, LOS SERES HUMANOS ADORABAN A UN DIOS

La historia de la Biblia comienza con un Dios que crea todo (Génesis 1–2). Dios creó a los seres humanos, que vivían en armonía con Dios y los unos con los otros. Con esta historia de la creación, Dios les estaba diciendo a los israelitas sus verdaderos orígenes: que en el principio había un solo Dios, no muchos.

Los académicos que rastrean el origen de la religión no están de acuerdo en si los registros arqueológicos respaldan la idea de que los seres humanos fueron primero monoteístas (creían en un Dios) o politeístas (creían en muchos dioses). Sin embargo, hay varios académicos respetados que creen que los primeros seres humanos eran monoteístas y adoraban a una sola deidad. En el libro clásico *Una historia de Dios*, el autor afirma: "Había un monoteísmo primitivo antes de que los hombres y las mujeres comenzaran a adorar a varios dioses... En el principio, por lo tanto, había un Dios. Si es así, el monoteísmo fue una de las primeras ideas desarrolladas por los seres humanos para explicar el misterio y la tragedia de la vida".[a] Este es un punto de vista que se alinea con la historia bíblica, que simplemente enseña que en el principio había un solo Dios.[2]

DESPUÉS DE QUE LOS HUMANOS ROMPIERON LA ARMONÍA CON DIOS, CREARON Y ADORARON A OTROS DIOSES

La historia bíblica continúa, diciéndonos que después de que Dios creó a los seres humanos, optaron por rechazar su guía. En este punto, la relación que los humanos tenían con el único Dios cambió

---

2. Génesis 1:1.

radicalmente. Los teólogos llaman a esto "la caída", la cual lo afectó todo. Vivimos en medio de las consecuencias de ese evento.

DIOS DIJO QUE ALGUIEN VENÍA A RESTAURAR LA RELACIÓN DE LOS SERES HUMANOS CON DIOS

En la historia de Adán y Eva, vemos a Dios diciéndoles que a pesar de que se rebelaron contra él, y la relación y armonía que había ahora está afectada, él no los abandonará. Él les dijo que un día enviaría a alguien a través de su linaje que le daría un golpe demoledor al ser (la serpiente) que los había descarriado.[3] El cumplimiento de esta promesa se vuelve más claro a medida que avanza la historia bíblica. Dios promete que viene alguien que restaurará lo que se ha perdido y reunirá a Dios con su pueblo rebelde. Después de que los humanos fueran expulsados del jardín del Edén, el pueblo que Dios creó se extendió por todo el mundo. Vemos personas que continúan rechazando a Dios o no lo buscan, y terminan creyendo en otros dioses y religiones.

TODA LA BIBLIA DEJA EN CLARO QUE NO HABRÁ MÚLTIPLES FORMAS DE SER PERDONADOS Y RESTAURADOS POR DIOS.

El mapa de la imagen 14.1 muestra el área aproximada donde se dice que tuvo lugar la historia de Adán y Eva. En algún lugar de esta zona es en donde encontramos a los primeros seres humanos que comenzaron a extenderse por la tierra.

---

3. Génesis 3:15.

14.1

Creación de los seres humanos

En el principio, las personas adoraban a un Dios y tenían una relación con el Creador.

LOS HUMANOS MIGRARON POR TODO EL PLANETA, CREANDO Y ADORANDO A OTROS DIOSES

Después de que Adán y Eva fueron en contra de la guía de Dios y el pecado entró en el mundo, vemos la evidencia de un pensamiento distorsionado. Sucedió rápidamente. Está el primer asesinato, el comienzo de una lucha de poder entre hombres y mujeres, y un mundo lleno de violencia. Comienzan prácticas como la poligamia y la esclavitud. Los seres humanos empiezan a adorar a otros dioses que habían creado a semejanza de la luna, del sol o de animales, e incluso de otros seres humanos.

Durante este tiempo, registrado en los primeros capítulos de la Biblia en el libro de Génesis, leemos un relato de la torre de Babel (que habría sido construida en el actual Irak). En esta historia vemos a Dios respondiendo al orgullo y a la rebelión humana, haciendo que los seres humanos hablasen en diferentes idiomas. Leemos: "Por esta razón la ciudad se llamó Babel, porque fue allí donde Dios los confundió haciendo que hablaran diversos idiomas, y los esparció por toda la tierra".[4]

Dios dividió a los humanos al darles diferentes idiomas, e hizo que se dispersaran geográficamente.[5]

Vemos un patrón de seres humanos que se extienden por todo el mundo y nuevas «religiones» que se desarrollan a medida que migran por la tierra. Algunos de estos sistemas de creencias se convirtieron en las principales religiones del mundo, que todavía se practican en la actualidad, como el hinduismo, que comenzó en la India alrededor del año 1500 a.C.

En Génesis leemos sobre un hombre llamado Abram, que vivió en lo que hoy es Irak. Dios llama a Abram a dejar atrás su cultura politeísta y le promete que en su linaje nacerá alguien a través del cual "... serán bendecidas todas las familias de la tierra!".[6]

Aquí vemos a Dios volviendo a su promesa en el jardín del Edén, la promesa de que arreglaría todas las cosas entre Dios y los seres humanos. Ahora bien, esta promesa se relaciona específicamente con Abram y su linaje.

Abram (luego renombrado como Abraham) tiene hijos y nietos, y de uno de ellos, un hombre llamado Jacob, vemos el origen de las doce tribus de Israel. Las doce tribus finalmente fueron llevadas a la esclavitud en Egipto y vivieron allí durante cuatrocientos años. En Egipto estuvieron expuestos a un sistema religioso pluralista de dioses y diosas, incluyendo historias de cómo había ocurrido la creación del mundo. Dios rescató a los israelitas de su esclavitud, mostrándoles que los dioses egipcios no eran reales a través de las plagas y

---

4. Génesis 11:9.

5. Deuteronomio 32:8-9.

6. Génesis 12:3 (NVI).

milagros que hizo para liberarlos. Todo esto era para recordarles que hay un solo Dios, verdadero y todopoderoso.

JESÚS FUE PROFETIZADO DESDE ANTES DE LA CREACIÓN DE OTRAS RELIGIONES

Con el tiempo, las creencias religiosas del pueblo judío se convirtieron en la religión que ahora llamamos judaísmo. Dios le dio al pueblo que salió de Egipto reyes y líderes, e instrucciones para las prácticas religiosas formales que podían seguir durante ese período de tiempo.

A lo largo de ese tiempo también vemos al único Dios verdadero comunicando sus planes más claramente a través de los profetas. Una y otra vez Dios le recuerda a su pueblo que hay un solo Dios. De hecho, el principal grito de guerra de Israel comenzó con un recordatorio de que solo hay un Dios verdadero.[7] Esta creencia llegó a definir su identidad como pueblo. Dios continuó revelando al pueblo de Israel más acerca de la persona que "aplastaría su cabeza [de la serpiente]", "bendeciría al mundo entero" y restauraría a los seres humanos de regreso a Dios al hablarle al pueblo a través de sus profetas. El concepto de un futuro "mesías" (que significa "ungido") se asoció con cómo sucedería todo esto.

Los profetas dijeron algunas cosas muy específicas acerca de este mesías; él:

> › Nacería de una virgen (Isaías 7:14).

> › Nacería en Belén (Miqueas 5:2).

> › Tomaría el pecado de las personas y les traería sanidad a través de su muerte (Isaías 53:4–5).

---

7. Deuteronomio 6:4–5.

> Sería asesinado aunque fuera inocente (Isaías 53:7).

El pueblo de Israel comenzó también a compilar sus escritos inspirados en lo que hoy llamamos la Biblia hebrea (lo que los cristianos llaman el Antiguo Testamento). La mayoría de los profetas hablaron y escribieron durante el período de tiempo del 1000 a.C. al 400 a.C. Durante este tiempo, la gente se estaba esparciendo por todo el planeta, y se estaban desarrollando nuevas religiones y creencias. Por ejemplo, el budismo, el sintoísmo y el taoísmo se desarrollaron entre los años 500 y 600 a.C.

EL CRISTIANISMO NO ES UNA RELIGIÓN MODERNA, SUS RAÍCES PRECEDEN A TODA OTRA FE

A medida que pasan los siglos, retomamos la historia con el Nuevo Testamento. Los pasajes del Nuevo Testamento que hablan de Jesús como el único camino a Dios no surgen de la nada. Se relacionan con el monoteísmo constante del pueblo judío y con la creación en el jardín del Edén. Recuerda, la promesa hecha en el jardín del Edén a Adán y Eva fue que vendría alguien que arreglaría las cosas de nuevo, alguien que bendeciría a todas las naciones del mundo. Esa persona era Jesús.

La Biblia nos dice que Jesús fue el que nació de una virgen en Belén, como fue predicho y escrito unos setecientos años antes a través de los profetas. Jesús también fue quien cargó con el pecado de las personas en la cruz (el pecado es lo que rompe la relación entre el ser humano y Dios). También se alude a la muerte de Jesús en los escritos proféticos, hablando del sacrificio que haría.

Recapitulemos. Había un Dios en el principio. Este único Dios dijo que alguien vendría en un tiempo futuro y revelaría la manera de ser perdonados y restaurados en la relación con Dios. Cuando Jesús vino, con esos versículos confirmamos que Jesús era de quien Dios había estado hablando desde el principio. Toda la Biblia deja en claro que no habrá múltiples formas de ser perdonados y restaurados por Dios. Habría *un solo* camino, y sería a través de una persona, el hombre Jesús de Nazaret. Según la historia bíblica, las demás religiones del mundo no son un reflejo del único Dios verdadero, y no se desarrollaron desde el principio según su plan y revelación. Son sistemas desarrollados por seres humanos, y no nos señalan con precisión al único Dios. Desde el principio, el único Dios ha dicho que enviaría a alguien para que pudiéramos ser perdonados y restaurados por medio de él. Quiero enfatizar esta idea: hay una sola manera de ser perdonados y restaurados por Dios. Este es el testimonio constante de toda la Biblia; los versículos bíblicos que leemos así lo afirman.

El cristianismo es la religión que se fundamenta en las enseñanzas y acciones de Jesús de Nazaret que, con el tiempo, luego de la resurrección de Cristo, fueron interpretadas y contextualizadas por los discípulos y los apóstoles, especialmente por Pablo. No es una religión improvisada, pues tiene un trasfondo hebreo y respondió a los desafíos del mundo griego y romano. Además, el mensaje cristiano se ha presentado y aplicado a través de la historia, y ha llegado con fuerza hasta la sociedad hispanoparlante del siglo XXI.

EL MENSAJE DE JESÚS SE ESPARCIÓ POR EL MUNDO

La Biblia nos dice que Dios proveyó un camino para que lo conozcamos y seamos perdonados, ese camino es Jesús. Después de que Jesús resucitó de su muerte en la cruz, envió a sus seguidores con la misión de decirles a otras personas lo que Dios había hecho a través de él. La iglesia nació como pequeñas comunidades de fe, con el poder del Espíritu de Dios para decirles a otros que Jesús es el camino para conocer a Dios.

Los seguidores de Jesús viajaron por todo el mundo. Continuaron la misión de Jesús y fundaron iglesias. Estamos en un nuevo período de tiempo donde la cruz marca la intersección del reino de Dios con la actividad de Dios en la tierra. Estamos en un período en el que Dios está obrando a través de la iglesia, que tiene la misión de hablarle a la gente acerca de Jesús como el camino a Dios. El final de la línea de tiempo muestra un momento en el futuro cuando Jesús regresa, y las personas son restauradas de regreso a Dios, y sucede la creación de un nuevo cielo y una nueva tierra.

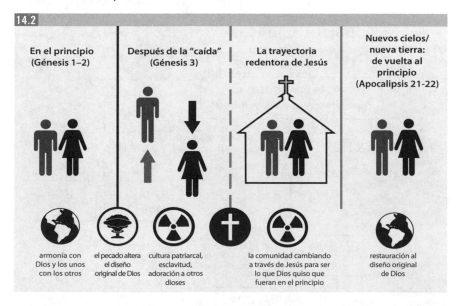

Mi objetivo es mostrar que en nuestro mundo actual hay muchas religiones diferentes, y todas ellas se desarrollaron en diferentes momentos y lugares. El cristianismo se ha aferrado constantemente a la idea, adoptada por primera vez por el pueblo judío, de que hay *un* Dios verdadero. Y ha abrazado su mensaje: una promesa de que alguien viene, y ya ha venido, que restaura a las personas en su relación con Dios. El cristianismo enseña que el mundo está roto, y este quebrantamiento es por culpa nuestra. Y la única forma en que se puede arreglar es a través de la obra de Dios. Es una obra que solo Dios puede hacer y no hay otras opciones. La enseñanza bíblica es consistente en este punto. No se trata de que la Biblia sea intolerante o parezca una locura. Es simplemente una historia antigua que se remonta a la creación, la historia de un Dios que envió a un Salvador, Jesús, para ser la forma de relacionarnos con él y estar en relación con él.

La imagen 14.3 resume este capítulo.

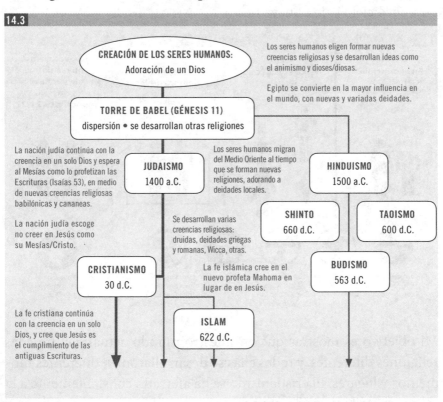

14.3

CREACIÓN DE LOS SERES HUMANOS:
Adoración de un Dios

Los seres humanos eligen formar nuevas creencias religiosas y se desarrollan ideas como el animismo y dioses/diosas.

Egipto se convierte en la mayor influencia en el mundo, con nuevas y variadas deidades.

TORRE DE BABEL (GÉNESIS 11)
dispersión • se desarrollan otras religiones

La nación judía continúa con la creencia en un solo Dios y espera al Mesías como lo profetizan las Escrituras (Isaías 53), en medio de nuevas creencias religiosas babilónicas y cananeas.

JUDAISMO
1400 a.C.

Los seres humanos migran del Medio Oriente al tiempo que se forman nuevas religiones, adorando a deidades locales.

HINDUISMO
1500 a.C.

La nación judía escoge no creer en Jesús como su Mesías/Cristo.

Se desarrollan varias creencias religiosas: druidas, deidades griegas y romanas, Wicca, otras.

SHINTO
660 d.C.

TAOISMO
600 d.C.

CRISTIANISMO
30 d.C.

La fe islámica cree en el nuevo profeta Mahoma en lugar de en Jesús.

BUDISMO
563 d.C.

La fe cristiana continúa con la creencia en un solo Dios, y cree que Jesús es el cumplimiento de las antiguas Escrituras.

ISLAM
622 d.C.

VERSÍCULOS CLAVE QUE INDICAN QUE EXISTE UN SOLO DIOS Y UN SOLO CAMINO

JUAN 14:6

Juan 14:6 dice: "Yo soy el camino, la verdad y la vida. Nadie puede llegar al Padre sino es por mí". Pero esta no es una declaración arrogante de "¡Yo tengo razón y tú estás equivocado!" En contexto, Jesús está hablando con sus seguidores y consolándolos, haciéndoles saber que pronto los dejaría. Jesús les está diciendo que hay una manera específica de seguirlo y creer en él.

El corazón de Jesús es uno de servicio a los demás, un corazón de humildad, y no de separación u odio. Jesús está ofreciendo consuelo y verdad. Al mismo tiempo, Jesús es claro al hacer saber a sus seguidores que seguir a otros dioses o enseñanzas no es el camino a Dios. En el momento en que Jesús dice esto, había docenas de dioses y diosas en la cultura griega y romana. Jesús está haciendo una clara distinción acerca de quién es él, pero lo hace con amor y con el cuidado de que aquellos que lo siguen conozcan la verdad. El teólogo y estudioso del Nuevo Testamento N. T. Wright escribe:

"¿No es esto el colmo de la arrogancia, imaginar que Jesús o cualquier otra persona era el único camino?... [Pero] si destronas a Jesús, alguien más toma el trono. La creencia de que "todas las religiones son realmente iguales" suena democrática, aunque el estudio de las mismas muestra rápidamente que esto no es cierto. Lo que realmente estás diciendo al afirmar que todas las religiones son iguales es que todas ellas no son más que ecos lejanos e imágenes distorsionadas de la realidad. Estás diciendo que la "realidad" de Dios, lo divino, es algo remoto e incognoscible, y que ni Jesús ni Buda ni Krishna nos dan acceso directo a ella. Todas proporcionan un camino hacia las estribaciones de la

montaña, pero no el camino hacia la cima... Todo el Nuevo Testamento, todo el cristianismo, insiste en que el único Dios vivo y verdadero, el creador, es el Dios de Israel; y que el Dios de Israel ha actuado de manera decisiva, dentro de la historia, para llevar a Israel a su meta adecuada, y a través de eso, abordar y rescatar al mundo... La verdad, la vida a través de la cual conocemos y encontramos el camino, es Jesús, quien lavó los pies de los discípulos y les dijo que imitaran su ejemplo, ese Jesús que iba camino a dar su vida como pastor de las ovejas".[b]

Jesús está dejando en claro que no hay otros caminos a Dios. Pero lo dice en amor y de acuerdo a los propósitos de Dios de restaurar a los seres humanos de vuelta a sí mismo a través de Jesús.

HECHOS 4:12

Hechos 4:12 dice: "¡En ningún otro hay salvación! No hay otro nombre bajo el cielo que los hombres puedan invocar para salvarse". Esta declaración proviene de un discurso pronunciado por Pedro, un seguidor de Jesús y más tarde líder de la iglesia. Estaba hablando a líderes religiosos, y arriesgando su vida al pronunciar estas palabras. La salvación se refiere a ser rescatado, y en este caso, es un rescate de la misma muerte a través del perdón que ofrece Jesús. La salvación implica una sanación holística entre nosotros y Dios, y también entre nosotros y nuestro prójimo.

Aunque el ser humano busque otros caminos hacia Dios, Pedro está firme en su convicción de que Jesús es el único camino. Los primeros cristianos creían que era tan importante que la gente conociera a Jesús que estaban dispuestos a ser encarcelados por esta creencia. No querían dejar de contarle a la gente las buenas noticias de que hay un camino a Dios a través de Jesús.

1 TIMOTEO 2:5-6

1 Timoteo 2:5 dice: "Hay un solo Dios y un solo mediador entre Dios y los seres humanos, Jesucristo hombre". Este es otro pasaje que enfatiza que solo hay un Dios y un Salvador —Jesús. El contexto de este versículo dice: "Esto es bueno y agrada a Dios, nuestro Salvador, porque él anhela que todos se salven y conozcan la verdad. Hay un solo Dios y un solo mediador entre Dios y los seres humanos, Jesucristo hombre. Él dio su vida en rescate por todos. Este es el mensaje que Dios, a su debido tiempo, dio a conocer al mundo".[8]

Jesús fue considerado un rescate. Muchos de nosotros no nos damos cuenta, pero no estamos en una relación correcta con Dios. Así que esta no es una declaración intolerante o arrogante; nos habla del amor de un padre por sus hijos, y de la búsqueda de una manera de rescatarlos del daño y la muerte.

> Hay varios pasajes escriturales que encierran el corazón del mensaje cristiano. Entre esas porciones bíblicas debemos destacar las que afirman a Jesús como salvador, sanador y libertador, y las que destacan los siguientes valores, que ponen de relieve las prioridades evangélicas: la paz, el amor, la fe, el perdón, la misericordia, el gozo y la justicia.

VOLVIENDO AL PANFLETO

Cuando comencé a estudiar y aprender acerca de Dios y los orígenes de varias religiones del mundo, pensé mucho en lo que Jesús dijo. Cuanto más estudiaba lo que Jesús dijo y enseñó, me di cuenta de que no era intolerante, sino consistente con el resto de la Biblia.

---

8. 1 Timoteo 2:3–6.

También lo era con la idea de que Dios nos ama tanto que envió a Jesús para salvarnos y rescatarnos, tal como lo haría un padre amoroso.

Leer estos versos en el contexto de una historia más grande hizo que pasaran de ser palabras de intolerancia a ser palabras de amor, de ser algo perturbador a ser algo hermoso. Y mi vida cambió para siempre cuando me di cuenta de la verdad y llegué a creer en Jesús como el camino, la verdad y la vida.

CAPÍTULO 15

ENTENDIENDO AL JESÚS QUE SUENA INTOLERANTE

Creo que todos los caminos llevan a Dios. Es una pena que tengamos guerras religiosas, porque muchos de los mensajes son los mismos.

-Madonna

Madonna expresa una de las creencias religiosas más comunes en nuestra cultura hoy: "Creo que todos los caminos llevan a Dios". Si eso es verdad, entonces muchos versículos bíblicos acerca de Jesús siendo el único camino a Dios son falsos. Y ciertamente parece una locura; la declaración de que hay un solo camino a Dios suena arrogante y conflictiva si todos los demás caminos también nos llevan a él. ¿Están equivocados los cristianos?

Oprah Winfrey una vez dijo: "Uno de los errores que cometemos los seres humanos es creer que solo hay una forma de vivir, y no aceptar que hay diversas formas de estar en el mundo, que hay millones de formas de ser seres humanos, y muchos, muchos caminos hacia lo que llamas 'dios'… No es posible que haya una sola manera… no es posible".[a]

Gandhi, el respetado líder y maestro, dijo varias cosas similares con un poco más de énfasis en cómo las creencias excluyentes terminan provocando disputas y peleas: "Las religiones son caminos diferentes que convergen en el mismo punto. ¿Qué importa que tomemos un camino diferente, mientras alcancemos la misma meta? ¿Cuál es la causa de la disputa?".

¿ENTONCES OPRAH Y GANDHI TIENEN RAZÓN Y LA BIBLIA ESTÁ EQUIVOCADA?

Una de las metáforas comunes que se utilizan para unir a las religiones bajo la bandera del amor es la de que todos los caminos conducen a Dios. Suena muy bien. Podemos estar en diferentes viajes, pero finalmente todos llegaremos al mismo lugar. Puedes creer una cosa, yo puedo creer lo que dice Jesús, pero básicamente se trata de lo mismo, ¿verdad? Todos vamos hacia el mismo destino, solo que por caminos diferentes. El decir que solo hay un camino (como lo hace la Biblia) se siente incorrecto y conflictivo. La idea de que todas las religiones conducen al mismo Dios es una creencia muy atractiva.

Debido a la importancia de esto, deberíamos echar un vistazo a cada uno de estos "caminos" para ver en qué creen las diversas religiones. Veamos las creencias fundamentales de cada fe religiosa. Por ejemplo:

> ➤ Dios: ¿Quién es "Dios"?
>
> ➤ Jesús: ¿Quién es Jesús? (aunque es posible que no sigan a Jesús, es útil saber cómo lo definen).
>
> ➤ El más allá: ¿Cómo se alcanza la salvación, si es que eso es parte de sus creencias? ¿Y qué pasa cuando mueres?

Me doy cuenta de que no podemos definir completamente ninguna creencia religiosa haciendo solamente estas pocas preguntas. Eso implicaría obtener explicaciones muy simplistas, pero sí podríamos ver si cada uno de esos caminos nos lleva a la misma comprensión, a la misma visión de Dios.

HINDUISMO

Vamos a empezar con el hinduismo; aprendamos algunas de sus creencias básicas.

- Dios: El hinduismo tiene miles de dioses, aunque hay una fuerza de fondo en el universo conocida como «Brahman» además de estos dioses. Para algunos hindúes, se piensa en Brahman como una fuerza última, tal vez un solo Dios detrás de los otros dioses. Pero definitivamente hay una pluralidad de ellos, e incluso si hubiera un único ser o fuerza final, hay miles de otros dioses en la cima de esa montaña.

- Jesús: Jesús fue un maestro sabio, y podría ser uno de esos muchos dioses, pero ciertamente no es el único camino a Dios. Jesús es visto como alguien que puede haber alcanzado un estado de autorrealización correspondiente a uno de los objetivos del hinduismo, el dharma.

- El más allá: cuando una persona muere, se reencarna para saldar su deuda kármica, y finalmente se hace uno con el Brahman impersonal.

Al final del camino del hinduismo, encontrarás muchos, muchos dioses. Y Jesús pudo haber sido un dios más entre miles de otros. La reencarnación es lo que sucede después de la muerte hasta que experimentas un estado de unidad, una pérdida de tu identidad personal.

ISLAM

Vamos a continuar con el camino islámico para ver donde terminarás en la cima de la montaña con estas mismas preguntas.

- Dios: Hay un Dios, Alá. Pero Alá es un Dios claramente diferente al Dios descrito por los judíos y las creencias cristianas.

El islam cree que hay un Dios, no muchos, y en esto es diferente del hinduismo.

> Jesús: Jesús es un profeta, pero no es el Hijo de Dios ni es divino en ningún sentido. Alcanzar la vida después de la muerte no involucra a Jesús.

> El más allá: Hay un paraíso y un lugar de castigo, porque la salvación se basa en sopesar lo bueno y lo malo que has hecho en la vida.

En la cima de esta montaña hay un Dios, pero Alá es diferente a los dioses hindúes y muy diferente del Dios cristiano.

CRISTIANISMO

Al explorar el camino cristiano encontramos:

> Dios: Hay un Dios que es trinitario en naturaleza, pero Uno (Padre, Hijo, Espíritu Santo).

> Jesús: Jesús es el Hijo de Dios, y el camino a la salvación es a través de lo que él hizo en la cruz y a causa de su resurrección de los muertos.

> El más allá: Llegar al cielo o al infierno no se basa en nada que hagamos, sino en si hemos puesto o no nuestra fe en Jesús.

LOS CAMINOS NO TERMINAN EN LA CIMA DE LA MISMA MONTAÑA SINO EN OTRAS DIFERENTES

A medida que estudiamos las religiones, vemos que no terminan en el mismo lugar. El "Dios" de cada uno no es el mismo Dios. El Dios de la fe cristiana es muy diferente del dios del Islam. De ninguna manera son el mismo Dios. No todas las religiones pueden estar en lo correcto. O una tiene razón y las demás están equivocadas, o todas están equivocadas. A diferencia de lo que algunos quisieran creer, estas diferentes religiones no terminan en la misma cima de la montaña.

De hecho, las religiones del mundo son diferentes en sus creencias fundamentales. Es importante que entendamos esto. Para dar un ejemplo específico, o Jesús llevó el pecado de las personas al morir en la cruz y resucitar físicamente de entre los muertos, o no lo hizo. Si Dios dice que Jesús fue simplemente un buen maestro, pero que resucitó solo para un grupo de personas y no para otro, entonces Dios le está mintiendo a uno de esos grupos. O tal vez le está mintiendo a ambos. No puedes hacer que todos estén en lo correcto, o incluso parcialmente en lo correcto. El cristianismo no es la única religión que dice esto.

EL CRISTIANISMO NO ES LA ÚNICA FE EN EL MUNDO QUE DICE ESTAR EN LO CORRECTO Y QUE LAS DEMÁS ESTÁN EQUIVOCADAS

El cristianismo a menudo tiene la mala reputación de ser intolerante y sostener que las creencias cristianas son el único camino verdadero hacia Dios. Pero si miras más a fondo, en la mayoría de las otras religiones del mundo encontrarás lo mismo. Ellas se aferran a su fe como la única forma correcta y verdadera, lo que directa o indirectamente nos dice que las otras religiones están equivocadas. Incluso si la creencia es que "todos los caminos conducen a Dios", estás sugiriendo que aquellos que no sostienen esa creencia están equivocados.

Hace poco fui el anfitrión de un panel interreligioso en el que tuvimos representantes de las principales religiones del mundo. Cada representante expresó sus creencias y dejó en claro que consideraban que sus creencias y textos sagrados eran los correctos y verdaderos. Todos fueron corteses y educados, pero después de escuchar la variedad de perspectivas, era obvio que cada una era extremadamente diferente de las demás.

¿POR QUÉ A MENUDO DECIMOS QUE TODAS LAS RELIGIONES SON BÁSICAMENTE IGUALES?

Consideremos las tres religiones principales: el hinduismo, el cristianismo y el islam. A nivel superficial, estas pueden mostrar algunas similitudes. Existen conceptos, enseñanzas e ideas que pueden ser comunes a las distintas religiones. Existen enseñanzas compartidas en sus doctrinas o escritos sagrados. Por ejemplo, la mayoría de las principales religiones del mundo tienen alguna versión de lo que se llama la "Regla de Oro":

> ➤ Cristianismo: "Traten a los demás como a ustedes les gustaría que ellos los traten" (Lucas 6:31).

> ➤ Confucianismo: "No hagan a los demás lo que no quieran que les hagan a ustedes" (Analectas 15:23).

> ➤ Hinduismo: "Esta es la suma del deber: no hagas a los demás lo que te causaría dolor si te lo hicieran a ti" (Mahabharata 5:1517).

> ➤ Budismo: "No dañes a otros de una forma que a ti mismo te haría daño" (Udanavarga 5:18).

Hay algunas hermosas verdades que se encuentran en otras religiones, incluidas algunas que son paralelas a las enseñanzas del cristianismo. Estas incluyen cómo tratar a tu prójimo como a ti mismo, ser fiel a tu cónyuge, y decir la verdad y no mentir. La doctrina cristiana no enseña que "solo el cristianismo tiene toda la verdad". El cristianismo reconoce que las religiones del mundo tienen muchas cosas que son verdaderas dentro de sus enseñanzas, pero reconocer esto no significa que todo lo que cada religión enseña sea verdadero o que todas sean básicamente iguales.

Aunque a un nivel básico hay enseñanzas similares sobre algunas cosas, las creencias centrales de cada fe son extremadamente diferentes entre sí.

LA BIBLIA ES CONFIABLE Y VERDADERA

Dado que no todos los caminos conducen a la misma cima de la montaña, debemos examinar cada uno de ellos para ver cuál, si es que hay alguno, es el verdadero. Recuerda, como no todos pueden ser ciertos, entonces, o uno tiene razón y los demás están equivocados, o todos están equivocados. Y aunque podamos reconocer que algunos aspectos de cada camino tienen cosas que son correctas y buenas, como amar a tu prójimo, es cuando comparamos las creencias fundamentales que tienen sobre el mundo, sobre quién es Dios y qué piensan de Jesús, que encontramos que cada uno de ellos es muy diferente. O Jesús resucitó de entre los muertos como afirma el cristianismo, o no lo hizo y su cuerpo permaneció en la tumba, como creen todas las demás religiones. Cuando se trata de una creencia central y tan significativa como esta, o tienes razón o estás equivocado. No hay un punto medio.

Cada fe retrata a Dios de manera diferente y enseña algo distinto sobre cómo Dios piensa acerca de nosotros y cómo nos relacionamos con él. La fe que sigues determina tus valores, tu visión del mundo y tu dirección en la vida, e incluso si no tomas la decisión de seguir una de las principales religiones del mundo, aun así estás tomando una decisión.

Mis preguntas en la universidad me llevaron a comenzar a estudiar la Biblia y sus orígenes. Empecé a preguntarme: ¿Puedo tener confianza en esta colección de documentos? ¿Es un libro loco producido únicamente por seres humanos? ¿O es lo que afirman los cristianos, el libro de la revelación de Dios a las personas, inspirado por medio del Espíritu de Dios, y escrito a través de seres humanos?

Una de las razones por las que terminé creyendo en el cristianismo fue la confiabilidad de la Biblia misma. Puedo decirles de todo corazón que no sería cristiano si sintiera que la Biblia no es una biblioteca confiable de libros inspirados por Dios.

JESÚS ERA DIFERENTE A LOS LÍDERES DE OTRAS RELIGIONES

Sin embargo, además de la confiabilidad de la Biblia, comencé a ver que el cristianismo era diferente de las otras religiones del mundo. No es una basada en lo que hacemos; es una revelación de Dios, un anuncio de lo que Dios ha hecho por nosotros. Jesús se destaca de otros líderes religiosos. Él afirmó ser Dios encarnado, plenamente humano como tú y como yo, pero también el mismo que creó todo lo que existe. Ningún otro líder religioso ha afirmado ser el creador del cosmos. Jesús enseñó que su muerte era un medio para restaurar nuestra relación rota con Dios, y asumió nuestro quebrantamiento como ningún otro líder religioso lo había hecho jamás.

Una vez escuché un breve dicho sobre Jesús, comparándolo con los otros líderes religiosos. Se me quedó grabado en la cabeza y dice algo así: "Los fundadores de las otras religiones afirman que son profetas que te ayudarán a encontrar a Dios. Jesús vino a decir: 'Yo soy Dios, vine a buscarte a ti'".

Los vedas hindúes dicen: "La verdad es una, pero los sabios hablan de ella de muchas maneras diferentes".

Buda dijo: "Mis enseñanzas señalan el camino para alcanzar la verdad".

Mahoma dijo: "La verdad me ha sido revelada".

Jesús dijo: "Yo soy la verdad".

Realmente espero que, si no lo has hecho todavía, comiences a profundizar un poco más, y consideres que Jesús realmente podría ser el camino, la verdad y la vida para ti.

> Referente al mundo de las religiones es importante recordar el mensaje del profeta Miqueas (Miq 6.8), en torno a lo que pide el Señor de las personas: hacer justicia, amar misericordia y ser humilde ante Dios.

¿QUÉ PASA CON LAS PERSONAS QUE SON FIELES A SUS RELIGIONES PERO NO CONOCEN A JESÚS?

Al cerrar esta sección, hay una pregunta final que a menudo surge en conversaciones con personas que hacen estas preguntas sobre Jesús y otras religiones. ¿Qué pasa con las personas de otras religiones, que nacen en ellas y nunca escuchan acerca de Jesús? ¿Son salvos, a pesar de no conocerlo? ¿Estarán con Dios en el cielo?

Esta es una gran pregunta, y no es fácil de abordar, pero quiero ofrecerte algunos pensamientos al cerrar este capítulo, verdades bíblicas que todos los cristianos pueden afirmar. Puede que no responda la pregunta de la manera que deseas, pero creo que debemos comenzar con una comprensión de Dios y de lo que sabemos que es verdad acerca de él.

1. AFIRMAMOS QUE DIOS AMA A LAS PERSONAS

Cuanto más leas la Biblia, más llegarás a ver que aunque Dios trae juicio sobre las personas, él es verdaderamente amoroso, misericordioso, lento para la ira y perdonador. La Biblia dice que Dios ama al mundo, lo que significa que ama a las personas en el mundo.[1] Dios no solo las ama, sino que tomó medidas para demostrar ese amor al enviar a Jesús. El amor de Dios es la razón por la que Jesús murió en una cruz y resucitó. A través de Jesús, Dios proporcionó el camino, para que seamos restaurados a una relación con él y perdonados por todas las malas acciones que hemos hecho o haremos, por nuestra fe en Jesús. Dios no quiere que nadie perezca, y eso está claro en la Biblia.[2]

2. AFIRMAMOS QUE DIOS ES EL JUEZ SUPREMO Y AMOROSO

Solo Dios juzgará a las personas cuando muramos. La muerte es una realidad que toda persona debe enfrentar, y Dios promete que cuando ponemos nuestra fe en Jesús, somos perdonados, se nos da el regalo de la vida eterna, y estaremos con Dios por toda la eternidad. Para aquellos que no conocen a Jesús y nunca han oído hablar de él, podemos decir que solo Dios sabe lo que sucede al final. Sabemos que él ama a las personas y que las Escrituras indican que las personas serán juzgadas por cómo respondieron al conocimiento de Dios que estaba disponible para ellas. Al final, aunque estoy convencido de que el deseo de Dios es que todos lo conozcan a través de Jesús,

---

1. Juan 3:16.

2. 2 Pedro 3:9.

creo que debemos confiar en Dios y en su amor por las personas, sabiendo que al final nadie será juzgado injustamente.

Es interesante considerar a todas las personas del Antiguo Testamento que tenían fe en Dios pero nunca escucharon el nombre de Jesús. No tenían una Biblia como la que tenemos hoy, y no sabían mucho de lo que sabemos ahora gracias a las enseñanzas de Jesús. Pero creemos que son salvos y que fueron restaurados a una relación con Dios por la fe que tenían, aun teniendo un conocimiento limitado de Dios. Con un entendimiento limitado, son perdonados y salvados a través de Jesús, incluso si no sabían completamente quién era Jesús.

Para ser claros, esto es diferente de alguien que escucha la verdad acerca de Dios, y la obra y las enseñanzas de Jesús, y que luego elige rechazarlo voluntariamente. Para aquellos que nunca escuchan esta buena noticia, confío en que Dios es un Dios de gracia, y la extensión de su misericordia y perdón va más allá de nuestra comprensión. La Biblia es clara en que todos los que se salvan del pecado finalmente se salvan a través de Jesús. Quizás eso incluya a muchos de los que nunca escucharon su nombre, pero respondieron a lo que Dios les estaba comunicando mientras buscaban la verdad de Dios.

3. DIOS QUIERE QUE LAS PERSONAS CONOZCAN A JESÚS, ASÍ QUE NOS CREÓ PARA LA MISIÓN

Los primeros dos puntos afirman lo que sabemos acerca de Dios y el reconocimiento de que hay mucho que no sabemos acerca de cómo Dios juzga a las personas individualmente. Esto es especialmente cierto cuando hablamos de personas que nunca escucharon acerca de Jesús o lo que Dios ha revelado a través de él. Hay misterio en querer saber cómo Dios trata a los que murieron pero fueron fieles en responder a lo que sabían o sentían acerca de Dios. Esto es lo que podemos afirmar claramente: hay personas a nuestro alrededor que no han oído hablar de Jesús, y los cristianos tienen la responsabilidad de compartir lo que saben.

JESÚS, ASUMIÓ NUESTRO QUEBRANTAMIENTO COMO NINGÚN OTRO LÍDER RELIGIOSO LO HABÍA HECHO JAMÁS.

Hay millones de personas que no saben que Jesús es el camino, la verdad y la vida, y que nadie viene al Padre sino es por él. Es por eso por lo que los primeros seguidores de Jesús viajaron a nuevas ciudades y comenzaron nuevas iglesias. Ellos querían que otros supieran quién es Jesús. De hecho, aquellos que estaban más cerca de Jesús y lo conocían mejor se apasionaron mucho por contarle a la gente acerca de él. Si lees el libro de los Hechos, en el Nuevo Testamento, verás su celo por ver que otros aprendieran quién es Jesús. A medida que estos nuevos creyentes aprendían la verdad acerca de Jesús, querían que otros también lo conocieran. Entendieron que la eternidad está en juego, y que la alegría de conocer a Jesús en esta vida no es algo que podamos guardar para nosotros. Esto no significa ser detestable o juzgar a los demás, sino compartir la verdad acerca de Jesús.

He sido perdonado por Dios, y sé cómo Dios me ha mostrado una gracia y misericordia que no merecía; por eso quiero que otros conozcan este amor. No creo que todos los caminos llevan a Dios. Estoy convencido de que lo que dijo Jesús es verdad, así que quiero pasar mi vida haciendo todo lo posible para que otros lleguen a conocerlo como el camino que lleva a Dios.

Puede que no estés de acuerdo con todo lo que digo en esta sección, pero espero que te haya ayudado a ver por qué no es una locura que los cristianos crean que lo que enseña la Biblia y lo que dice Jesús es verdad, y por qué otras religiones no son verdad. Y también por qué los cristianos creemos que saber esto es una de las verdades más hermosas e importantes que podemos conocer.

> Lo más importante del mensaje cristiano es que ante una sociedad desorientada, rebelde y pecadora, Dios envió a su Hijo para enseñar la vía del arrepentimiento, el sendero de la misericordia, y el camino que lleva a la verdad y la vida.

PARTE 5 - RESUMEN

MI DIOS PUEDE VENCER A TU DIOS

> ➤ El Nuevo Testamento dice que Jesús es el único camino de salvación. Saber lo que dicen las Escrituras y contarles a otros acerca de este único camino no es arrogante ni excluyente, se hace por cuidado y amor, queriendo que los demás sepan que hay un solo camino a Dios.

> ➤ Cuando examinas las religiones del mundo, encuentras que no todas apuntan al mismo Dios. Sus principales creencias son diferentes y se contradicen entre sí. Decir que todas son iguales haría mentiroso a Dios, que entonces estaría enseñando diferentes verdades a diferentes personas. O una tiene razón, y las demás están equivocadas, o todas están equivocadas. Las afirmaciones del cristianismo tienen más sentido y tienen el respaldo de las Escrituras históricas para probar que sus afirmaciones son verdaderas.

> ➤ El cristianismo es la única fe en el mundo en la que las personas no tienen que ganarse el camino al cielo, sino que es la obra de Jesús y el poner nuestra fe en él lo que trae la salvación.

PARTE 6

EL HORROR DE LA VIOLENCIA DEL ANTIGUO TESTAMENTO

CAPÍTULO 16

LA BIBLIA NO APTA PARA MENORES

Este es su mandamiento: "...Ve y destruye completamente a Amalec: hombres, mujeres, bebés, niños, bueyes, ovejas, camellos y burros".

-1 Samuel 15:2–3

Si te soy sincero, no quería escribir estos últimos capítulos. Esta sección trata sobre algunos de los pasajes bíblicos más perturbadores, los versículos más difíciles de procesar. Puedo entender el supuesto conflicto entre la ciencia y la Biblia. Puedo entender algo de la confusión sobre los versos que suenan locos y que hablan de camarones, tatuajes y esclavitud. Y puedo ver por qué la gente piensa que la Biblia enseña cosas misóginas y anti mujeres.

Puedo entender la historia de las religiones del mundo y por qué Jesús es el único camino y la verdad. Pero cuando leo y considero algunos de los versículos bíblicos más violentos, que hablan sobre las acciones de Dios al matar gente, yo también lucho por entenderlos.

Al planear este libro, consideré no incluir el tema de la violencia del Antiguo Testamento, no porque sea difícil encontrar ejemplos, sino porque es un tema muy difícil de abordar.

Si alguna vez me volviera ateo o agnóstico, probablemente sería por pasajes como los que estudiaremos en esta sección. Es difícil leer sobre miles de muertes y la violencia que encontramos en muchas de las historias bíblicas. Espero disipar algunas críticas que ponen a Dios como un maníaco violento, sanguinario y genocida. Espero mostrar que al aplicar métodos básicos de estudio de la Biblia a estos pasajes problemáticos, aprendemos que están sucediendo más cosas de las que se pueden ver en una lectura superficial. Es fácil hacer generalizaciones y acusaciones contra el Dios de la Biblia cuando leemos un pasaje violento sin el contexto completo de la historia de la Biblia. He estudiado la violencia de la Biblia y he mantenido mi fe y amor en Dios. He entendido más acerca del gran amor, paciencia y compasión de Dios.

"¡NO TENÍA IDEA DE QUE ESTO ESTABA AHÍ!"

Hay un video fascinante donde dos tipos salen a la calle con un libro de tapa dura en la mano. El título: el Sagrado Corán. Abren el libro y leen varios versículos, entre ellos:

> "Pero si no escuchan lo que les digo y no me obedecen… Se comerán a sus hijos e hijas".[1]

> "Si dos hombres riñen y la esposa de uno de ellos interviene para ayudar a su marido y toma al otro por los testículos, se le cortará la mano a la mujer inmediatamente y sin misericordia".[2]

¿Puedes adivinar la reacción de aquellos que escucharon estas palabras violentas del libro que pensaron que era el Corán?

"Eso suena ridículo".

---

1. Levítico 26:14, 29.

2. Deuteronomio 25:11-12.

"¿Cómo puede alguien creer en esto?"

Después de obtener varias reacciones como esta, los dos hombres quitan la cubierta del libro, y era la Santa Biblia. Los versos estaban en la Biblia, no en el Corán. Las respuestas son fascinantes; sorpresa, enojo, y mi favorita, quizás la más reveladora de todas: "Escuché historias bíblicas cuando era joven, pero realmente no tenía idea de que esto estaba ahí".

La mayoría de las personas no saben de la violencia contenida en la Biblia. Con frecuencia me sorprende la cantidad de personas que dicen: «No tenía idea de que esto estaba ahí».

JOSUÉ PELEÓ LA BATALLA DE JERICÓ Y MATÓ A TODAS LAS MUJERES Y LOS NIÑOS

Veamos algunos ejemplos. Algunas de estas son historias que les hemos estado enseñando a los niños durante generaciones, pero tendemos a desinfectarlas y a omitir las partes violentas. Considera la historia de Josué y la batalla de Jericó. Es la historia de cómo Josué y los israelitas marcharon alrededor de los muros de Jericó una vez al día durante seis días. El séptimo día dieron siete vueltas alrededor de los muros, los sacerdotes tocaron sus cuernos, los israelitas dieron un gran grito y los muros de la ciudad se derrumbaron. Es una historia divertida e interesante que le gusta a los niños. Pueden recrear fácilmente los eventos, caminando en círculos, fingiendo tocar un cuerno y dando un gran grito. En los libros de historias bíblicas, a menudo encontrarás dibujos animados de Josué y los soldados marchando con trompetas por fuera de las murallas de la ciudad.

Pero la historia continúa. Después de que Josué y los israelitas entraron en la ciudad, leemos que "Destruyeron cuanto había en ella:

hombres, mujeres, ancianos y jóvenes; bueyes, ovejas y burros, en una palabra, todo".[3]

HE ESTUDIADO LA VIOLENCIA DE LA BIBLIA Y HE ENTENDIDO MÁS ACERCA DEL GRAN AMOR, PACIENCIA Y COMPASIÓN DE DIOS.

Considera la historia de Noé y el diluvio. Por lo general, retratamos esta historia como divertida para los niños con Noé feliz en un bote con un alegre grupo de animales. Pero la realidad de la historia es más violenta. Un número incalculable de personas se ahogó en esa inundación, incluidas mujeres, niños y bebés. Por lo general, no nos detenemos a considerar el horror de todas esas muertes.

Hoy en día, internet está inundada de memes e imágenes que denuncian la violenta realidad detrás de muchas de estas historias bíblicas clásicas. Ya no podemos pasar por alto la violencia.

Cada vez más personas leen pasajes como Isaías 13:15–16, donde dice: "Los que no huyan caerán en la matanza. Sus pequeños serán estrellados contra el pavimento ante sus propios ojos; sus casas serán saqueadas, y violadas sus esposas por las hordas invasoras". Y se preguntan si la Biblia es un libro peligroso y dañino que debe evadirse.

En una cartelera escribieron la suma de todas las muertes mencionadas en estos versículos dando un total de casi tres millones de personas muertas en comparación con las diez muertes a manos de Satanás. Dios se presenta como un ser horrible que quiere matar y devorar.[a]

---

3. Josué 6:21.

VIOLENCIA, ASESINATOS, MATANZA, CORTE DE CUERPOS EN PEDAZOS, CANIBALISMO Y VIOLACIONES

Muchos padres cristianos filtran el contenido que leen sus hijos y prohíben los libros que contienen violencia y descripciones gráficas de actos inmorales. Sin embargo, al mismo tiempo, les dan biblias a sus hijos a una edad temprana, con la esperanza de que las lean. A veces me pregunto: ¿saben que la Biblia contiene escenas de violencia, menciones de canibalismo, incluso padres que se comen a sus bebés? ¿Saben que la Biblia tiene historias de incesto, y una escena donde una mujer es violada y su cuerpo cortado en doce pedazos, menciones de brujería, sacrificios humanos y muertes sangrientas, decapitaciones, amputaciones, ojos arrancados, empalamientos, múltiples suicidios y miles de animales asesinados?[b] ¿Son conscientes de las descripciones poéticas y eróticas de la intimidad sexual?[c] Sí, todo esto está en la Biblia.[d]

Algunas partes de la Biblia realmente deberían tener una clasificación de "No apta para menores". Las malas acciones de los seres humanos se describen a lo largo de la Biblia; es muy importante recordar que el hecho de que algo malo se mencione en la Biblia no significa que Dios aprueba esa acción. Muchos de los actos violentos en la Biblia son el resultado de malas elecciones y decisiones humanas. Gran parte de la violencia en la biblioteca bíblica está en los «libros de historia», que registran todo tipo de eventos y actividades que realizaron los humanos. Dios no inspiró a los escritores de la Biblia a "limpiar" la historia para darnos una versión filtrada de la maldad humana. Eso realmente me hace confiar más en la Biblia, sabiendo que las partes difíciles no han sido eliminadas.

Pero nuestro enfoque en esta sección no está en la violencia en la Biblia debida a los actos malvados de los seres humanos, sino en la violencia que se atribuye a las acciones de Dios. No veremos todos los versículos, pero espero dar una guía sobre cómo entender a los demás. Veremos tres preguntas amplias:

> ¿Estaba Dios cometiendo genocidio cuando ordenó la matanza de grupos de personas?

> ¿Qué pasa con los bebés? ¿A Dios realmente le gusta lanzar bebés contra las rocas?

> ¿Por qué el Dios del Antiguo Testamento parece tan diferente del Jesús del Nuevo Testamento?

En el próximo capítulo, comenzaremos observando cómo otros, a lo largo de los años, han tratado de explicar la violencia en la Biblia. Luego, después de estudiar algunas de las opciones, explicaré lo que sugiero es una visión equilibrada que nos ayuda a comprender la violencia respetando tanto la inspiración como la confiabilidad de la Biblia.

Un elemento importante en los esfuerzos por entender las diversas narraciones bíblicas, entre las que se encuentran las que se nos hace muy difícil comprender y aceptar, es que la revelación divina en la Biblia es gradual y me manifiesta de manera progresiva en la historia. No todo está revelado de manera completa en Génesis, pues si ese fuera el caso, no necesitaríamos el resto de las Escrituras. Esta revelación progresiva, que va con el tiempo superando comprensiones culturales tradicionales, manifiesta de manera gradual la voluntad de Dios, que responde a las nuevas realidades y desafíos de la historia.

CAPÍTULO 17

EL DIOS DE LA COMPASIÓN, LENTO PARA LA IRA Y PERDONADOR

Podría decirse que el Dios del Antiguo Testamento es el personaje más desagradable de toda la ficción: celoso y orgulloso de ello; un fanático del control, mezquino, injusto e implacable; un limpiador étnico, vengativo y sanguinario; un matón misógino, homófobo, racista, infanticida, genocida, filicida, pestilencial, megalómano, sadomasoquista, caprichosamente malévolo.[a]

—**Richard Dawkins**, "El espejismo de Dios"

Hoy en día, cada vez más personas concuerdan con la frase del ateo Richard Dawkins en la que describe a Dios como celoso, orgulloso, mezquino, sanguinario, homofóbico y genocida, entre otras cosas. Entiendo por qué Dawkins escribió esto en su libro *El espejismo de Dios,* y por qué aquellos que leen ciertos versículos de la Biblia están de acuerdo con él.

Pero ¿es cierta esta acusación? ¿Es Dios realmente celoso? ¿Infanticida? ¿Un limpiador étnico sanguinario? Y si esto no es cierto, ¿cómo le damos sentido a los versículos de la Biblia que muestran a Dios ordenando asesinatos en masa? ¿Cómo entendemos la violencia que supuestamente Dios ordenó y apoyó?

Estos versículos de la Biblia no son nuevos. Pero quizás estamos más conscientes de la violencia, o la gente está leyendo estos versículos más de cerca y haciendo preguntas diferentes a las que se hacían en el pasado.

MANERAS DE EXPLICAR LA VIOLENCIA EN LA BIBLIA QUE NO SON SATISFACTORIAS

Hay dos formas en que las personas intentan explicar la violencia que encontramos en la Biblia que no encuentro particularmente satisfactorias. Aquí está la primera:

1. LA POSTURA DE "CERO DISCULPAS"

Dios lo hizo. Él es Dios y puede hacer lo que quiera, incluso matar gente. En un extremo, están aquellos que leen estos pasajes y, en su mayoría, no se molestan en lo más mínimo. "Dios es Dios y tiene derecho a hacer lo que quiera. Si Dios eligió matar personas o hacer que las mataran, no es nuestro lugar cuestionar lo que hizo. Probablemente se lo merecían". Estoy de acuerdo con la primera parte: Dios es Dios. Pero esta postura no nos ayuda a entender por qué Dios pudo haber utilizado la violencia en una situación particular. Esto no nos deja con una explicación satisfactoria.

Confieso que como cristiano me siento un poco culpable cuando hago estas preguntas. No quiero dudar de la sabiduría de Dios. Pero tampoco creo que preguntar el porqué detrás de algo sea tener dudas de la sabiduría de Dios. En la Biblia vemos al rey David enojándose y cuestionando a Dios después de que Dios hirió a un hombre llamado Uza por tratar de hacer algo bueno y evitar que el arca del pacto cayera a tierra.[1] Dios no reprende a David por cómo se siente.

Creo que Dios puede hacer lo que quiera y que siempre es bueno; también creo que debemos ir más allá de la respuesta de "Dios puede hacer lo que quiera". Esto es especialmente cierto cuando hablas con no cristianos u otras personas que preguntan por qué Dios actuaría con tanta violencia.

2. LA POSTURA DE "LA BIBLIA ESTÁ MAL"

Dios no ordenó la violencia ni hizo nada de eso. Las Escrituras contienen las historias, pero los israelitas y los que escribieron las historias estaban equivocados. Esta postura se está volviendo más popular hoy en día; no es una forma nueva de explicar la violencia en la Biblia, e incluso tiene raíces en la iglesia primitiva. Un hombre llamado Marción, que vivió alrededor del año 140 d.C., enseñó que el Dios que encontramos en el Antiguo Testamento no era el mismo que encontramos en el Nuevo Testamento. Él sentía que el Dios del Antiguo Testamento era violento y se dedicaba a matar personas, lo que no se alineaba con la forma en que entendía al Dios de Jesús en el Nuevo Testamento.

Para Marción, el Dios del Antiguo Testamento parecía muy diferente del Dios del Nuevo Testamento, tanto, que comenzó a enseñar que el Antiguo Testamento no era verdad, que no fue inspirado. Él eliminó varias secciones del Nuevo Testamento, todo lo que sintió que era inapropiado o demasiado violento, pasajes sobre el juicio de Dios o el infierno, y editó y dio forma a una nueva Biblia con solo las cosas buenas sobre Dios (desde su propia perspectiva). Aunque hoy en día las personas no borren partes de la Biblia, tratan a diferentes

---

1.   1 Crónicas 13:11.

secciones de la Biblia como menos "inspiradas" por Dios. Algunos tratan de sugerir que Dios nunca ordenó a los israelitas que atacaran y mataran a la gente. Se equivocaron o no entendieron a Dios correctamente, entonces registraron cosas sobre Dios que Dios no dijo ni quiso decir. Si lo piensas bien, esta es una manera fácil de resolver el problema de la violencia en el Antiguo Testamento.

Simplemente dices que no fue Dios quien hizo eso; los autores de la Biblia estaban equivocados, y Dios no ordenó ni hizo ninguna de las cosas violentas que leemos que hizo.

El gran problema con este enfoque es que significa que gran parte de la Biblia está equivocada y no es inspirada por Dios ni es verdadera. Esa no es la forma en que los cristianos han estado leyendo la Biblia durante los últimos dos mil años. Una vez que abandonas la creencia de que Dios supervisó e inspiró cada línea de la Biblia, te cuestionas todo lo que esta dice.

Si tuviera que optar por este segundo enfoque, ya no podría confiar en nada de lo que dice la Biblia. No podemos elegir las partes que nos gustan y desechar las otras, y no podemos moldear a Dios según nuestra preferencia.

Jesús creía que el Antiguo Testamento es la palabra inspirada de Dios. Creía que Moisés realmente vivió, y aceptó las historias sobre él. Jesús creyó lo que escribieron los profetas y nunca aludió a ninguna parte del Antiguo Testamento que no fuera precisa o verdadera. Él enfatizó la importancia del Antiguo Testamento, diciendo que cada palabra era importante. Ya que Jesús creyó todo lo que está registrado en el Antiguo Testamento, yo también lo creeré.

¿ES EL DIOS DE LA IRA DEL ANTIGUO TESTAMENTO DIFERENTE AL JESÚS DEL AMOR DEL NUEVO TESTAMENTO?

¿Es el Dios del Antiguo Testamento diferente del Jesús del Nuevo Testamento? El Nuevo Testamento no está libre de muerte o violencia. Hablar de violencia y juicio no terminó en el Antiguo Testamento. Hay un cambio en la forma en que Dios se relaciona con las personas después de Jesús. Pero la mención de juicio y muerte no desaparecen. En el Nuevo Testamento también hay momentos en los que Dios interviene directamente y se produce una muerte. Están las muertes repentinas de Ananías y Safira, quienes le mintieron a Dios, trataron de engañar a la iglesia y desafiaron públicamente la santidad de Dios. Dios usó sus muertes como ejemplo y advertencia a la iglesia primitiva para que no descuidaran lo que habían aprendido de su santidad. Vemos a Herodes abatido por un ángel y comido por gusanos. Y el libro de Apocalipsis está lleno de conversaciones sobre el juicio y la muerte, a medida que los juicios de Dios se desatan sobre la tierra, aunque no se pretende que todas las descripciones se tomen literalmente.[2] Gran parte de Apocalipsis está escrito en lenguaje simbólico, al igual que muchos pasajes de la Biblia, y se necesita estudio y tiempo para entender lo que nos está diciendo hoy. Dios no es pasivo en el Nuevo Testamento, ejerce poder e interviene en formas que a veces causan la muerte.

---

2. Hechos 5:1-11; 12:18-25; muchas partes de Apocalipsis contienen muertes masivas.

JESÚS HABLÓ SOBRE EL INFIERNO Y EL JUICIO MÁS QUE NADIE EN LA BIBLIA

Por mucho que pensemos en Jesús como un hombre de amor y paz, él habló del juicio y del infierno. De hecho, Jesús habló más sobre el infierno que cualquier otra persona en la Biblia. Habló del fuego eterno y del castigo como el estado final de los seres humanos y angelicales que rechazaron a Dios. Jesús advirtió a las personas que iban en contra de la guía de Dios que estarían en peligro del fuego del infierno.[3]

La palabra exacta que usó Jesús, que a menudo traducimos como «infierno» fue «Gehena». La gente a la que Jesús estaba hablando habría sabido que Gehena era un valle en el sur de Jerusalén donde se quemaban diariamente montones de basura. Estaba lleno de cadáveres de animales y cadáveres de quienes no tenían una familia que los enterrara. Jesús usó un lenguaje gráfico al referirse a este lugar, uno que la gente podía imaginar.

Jesús describió el infierno como un lugar donde "los gusanos que los devoran no mueren, y el fuego nunca se apaga".[4] En la Gehena terrenal, los gusanos morirían cuando hubieran comido la carne de los cuerpos. Jesús estaba señalando gráficamente que la descomposición espiritual del infierno nunca termina: "Los gusanos no mueren". Así fue como describió las consecuencias de rechazar a Dios.

Jesús ofreció esta advertencia a aquellos que tomarían sus palabras a la ligera: "Les diré a quién deben de temer: teman al que, después de quitar la vida, tiene poder para echarlos al infierno. A él sí que le deben temer".[5] El escritor de Hebreos en el Nuevo Testamento ofrece

---

3. Mateo 13:50; 18:8.

4. Marcos 9:48.

5. Lucas 12:5.

una advertencia similar, diciéndonos: "¡Terrible cosa es caer en las manos del Dios viviente!"[6] Una sección sombría del Nuevo Testamento habla de lo que sucederá cuando Jesús regrese, específicamente del castigo de ser separado para siempre de la presencia de Dios. "… Esto será cuando el Señor Jesús venga del cielo entre llamas de fuego con sus poderosos ángeles y castigue a los que no conocen a Dios ni obedecen el evangelio de nuestro Señor Jesús. Esos sufrirán la pena de la destrucción eterna, alejados de la presencia del Señor y de la gloria de su poder".[7]

Aunque el Nuevo Testamento no tiene las batallas sangrientas del Antiguo Testamento, todavía vemos evidencia de un Dios santo que odia el pecado. Ambos testamentos nos revelan al mismo Dios: el creador de todas las cosas que se hizo hombre en la persona de Jesús.

IMAGEN DE DIOS: ÉXODO 34:6-7

Antes de que veamos algunos de estos versículos violentos del Antiguo Testamento, quiero recordar uno de los versículos más repetidos de la Biblia, donde Dios describe quién es. Éxodo 34:6-7 dice: "—Yo soy el Señor, Dios de misericordia y de gracia —dijo—. Soy lento para la ira y grande en misericordia y verdad. Yo, el Señor, muestro este amor firme a millares que reciben el perdón de sus pecados".

Vale la pena mirar el contexto de este versículo. Dios le había dado a Moisés los diez mandamientos en tablas, y Moisés bajó de la montaña para presentárselos al pueblo. Mientras Moisés no estaba, el pueblo de Israel se hizo un becerro de oro para adorarlo. Dios había

---

6. Hebreos 10:31.

7. 2 Tesalonicenses 1:7-9.

rescatado al pueblo de la esclavitud en Egipto, pero ahora lo estaba abandonando rápidamente.

A LO LARGO DE LA BIBLIA DIOS EXPRESA IRA, PERO ES UN FLUJO DE SU JUSTO AMOR Y PROTECCIÓN, NO UNA IRA VENGATIVA Y EGOÍSTA.

Cuando Moisés baja y los ve en una fiesta gigante, adorando y honrando a un dios falso, rompe las tablas originales que describen las promesas y expectativas de Dios para su relación con el pueblo. Pero Dios les da otra oportunidad, y Moisés le trae al pueblo una "segunda copia" de los diez mandamientos. Dios también quiere que sepan algo importante acerca de sí mismo. Dios quería que la gente que acababa de rechazarlo supiera que él es misericordioso. Que es lento para la ira y les es fiel.

Esta escena nos grita acerca del corazón perdonador de Dios y de su paciencia. El pueblo le había dado la espalda. Habían adorado a otro dios, después de que Dios los había salvado de la esclavitud. Sin embargo, los perdona. Hubo consecuencias por sus acciones, por supuesto, pero no se retractó de las promesas que les hizo. Él los perdonó.

Hay momentos en que Dios actúa en juicio que conduce a la muerte. Pero los grupos de personas que fueron juzgados habían recibido advertencia tras advertencia. Dios es paciente, compasivo y perdonador, pero su paciencia tiene un límite. Él también es justo y ha prometido defender la causa de la justicia y castigar a los que hacen el mal, defendiendo a los inocentes. Dios no es lento para amar, pero es lento para la ira. A lo largo de la Biblia Dios expresa ira, pero es un flujo de su justo amor y protección, no una ira vengativa y egoísta. El amor, la compasión, la paciencia y el perdón son fundamentales para entender quién es Dios. El inmenso amor de Dios por las personas es la razón por la que Jesús vino y tomó su pecado. Dios estaba proporcionando una manera para que las personas tuvieran perdón y paz con él.

Podemos ver una serie de versículos de la Biblia que muestran a Dios emitiendo órdenes para la guerra, la violencia o la muerte, y si eso es todo lo que vemos, podemos suponer que Dios da bastante miedo. Cuando lees la Biblia entera y ves quién es Dios a través de sus interacciones con las personas, comprendes que es lento para la ira, amoroso, compasivo, perdonador y paciente.

El Dios que se revela en la Biblia tiene características que lo distinguen. Lo distinguen el amor, la paz, el perdón, la misericordia, entre otros valores. Está interesado en recibir el honor y la adoración de personas que afirmen los valores que representa. En las Sagradas Escrituras ese Dios se presenta como luz, eterno, de los ejércitos, todo poderoso y sanador. Y esas características éticas lo distinguen de divinidades nacionales: tienen ojos, no pueden ver; tienen oídos, pero no tienen la capacidad de escuchar; y tienen pies, pero no se mueven.

CAPÍTULO 18

ENTENDIENDO LOS TEXTOS DE TERROR

"¡Dichoso el que tome a tus niños y los estrelle contra las rocas!".
—**(Salmo 137:9)**

"Cuando el Señor tu Dios te las entregue, deberás destruirlas completamente. No hagas con ellas pacto, ni les muestres misericordia. Las destruirás completamente".
—**(Deuteronomio 7:2)**

"Mis saetas se embriagarán con sangre y mi espada devorará la carne y la sangre de todos los muertos y cautivos. Las cabezas del enemigo estarán ensangrentadas".
—**(Deuteronomio 32:42)**

"Se comerán a sus hijos e hijas".
—**(Levítico 26:29)**

La Biblia tiene muchas historias gráficas y violentas, como estos "textos de terror". En este capítulo, veremos dos ejemplos más de cerca. Hay muchos otros versículos a considerar, pero con estos aprenderemos algunos principios más amplios para comprender lo que está pasando. ¿Cómo explicamos los versos e historias en los que parece que Dios está cometiendo genocidio y matando en masa a grupos de personas, incluidas mujeres y niños?[1]

---

1.   1 Samuel 15:2-3; Josué 6:20-22.

Hay versículos de la Biblia en los que Dios ordena matar a grandes grupos de población, incluidos niños y mujeres, y hacerlo "sin misericordia".[2] ¿Qué debemos hacer con estos versículos? Primero necesitamos ver dónde encajan estos versículos en la historia más grande.

Hay un grupo de personas conocido como los cananeos, el pueblo que Dios está ordenando que sea destruido con lo que parece ser un genocidio despiadado.

GENOCIDIO Y ASESINATOS EN MASA

Cuando miramos muchos de estos textos de terror, podemos hacer algunas observaciones generales.

1. La mayoría de los versículos violentos donde Dios envía a Israel a las batallas son de un período de tiempo limitado en la historia bíblica y no se encuentran en todo el Antiguo Testamento. Hay una suposición común de que el "Dios del Antiguo Testamento" está constantemente enojado, matando y sacrificando personas sin piedad. Hay algunos versículos de la Biblia que parecen indicar esto, tales como:

> ➤ "Deberás destruir a todas las naciones que el Señor tu Dios entrega en tus manos. No te apiadarás de ellas ni adorarás sus dioses. El día que lo hagas habrás caído en una trampa" (Deuteronomio 7:16).

> ➤ "Destruyeron cuanto había en ella: hombres, mujeres, ancianos y jóvenes; bueyes, ovejas y burros, en una palabra, todo" (Josué 6:21).

---

2.   Josué 11:20; Deuteronomio 7:2; 20:16; 32:42.

Cuando estudias estos versículos y las otras batallas y actos violentos, verás que provienen principalmente de un período de tiempo específico. Es cierto que hay muchas batallas y muertes a lo largo de toda la Biblia, pero no todas son ordenadas por Dios. Hay momentos en que Dios intervino para juzgar a un grupo de personas por sus maldades, incluso a su propio pueblo Israel. Pero esos tiempos son diferentes a cuando los israelitas llegaron a la tierra prometida y lucharon contra los cananeos. Cuando Dios envió a Israel a la batalla contra varias ciudades su intención no era destruir sino expulsar. Hay batallas en la Biblia y muertes en las que Dios no está involucrado, sino que son simplemente poderes políticos humanos que luchan por su cuenta. La mayoría de estas batallas suceden cuando el pueblo de Israel entra a la "tierra prometida", y Dios siempre les dio a los pueblos la oportunidad de volverse a él y evitar la batalla.

Los cananeos, al igual que otros grupos, vivían en la tierra que Dios había destinado para Israel, la tierra donde moraría Dios. Fue la tierra donde finalmente se estableció la ciudad de Jerusalén, y en ella se construyó un templo para adorar a Dios. Jesús nació en esa tierra, y allí murió por los pecados del mundo.

La geografía de la tierra también era estratégica. Israel era un "puente" entre muchas naciones y culturas, un lugar por el que muchas personas viajaban. Este contexto forma parte del trasfondo y explica por qué la tierra era tan importante y por qué se libraron batallas por ella cuando los israelitas regresaron de Egipto. Dios había destinado esta tierra para el pueblo de Israel, y ahora regresaban al lugar donde una vez vivieron. Dios no estaba ordenando batallas al azar y alentando la violencia. Las estaba ordenando para una situación específica durante un período de tiempo específico, la mayor parte en el lapso de una generación.

2. Estas batallas no se basaron en el origen étnico, por lo que esto no es un «genocidio». Otra crítica común es que Dios aprobó estas batallas como una forma de genocidio. El genocidio es el asesinato deliberado de un gran grupo de personas, especialmente de un grupo étnico o nación en particular. Pero está claro que estos asesinatos y batallas no se basaron en etnicidad o raza. Se basaban en la ocupación de la tierra. Estos eran grupos de personas que optaron por no unirse a Israel ni volverse a Dios, sino que permanecieron en rebelión contra él.

Como veremos, a los cananeos se les dio la oportunidad de evitar la guerra y la violencia, pero optaron por no responder a la oportunidad que Dios les daba. Cuando se rebelaron contra él, Dios incluyó a su propio pueblo en el mismo tipo de juicios que había usado para juzgar a otros pueblos. Reclutó naciones extranjeras para destruir sus ciudades y llevarlas en cautiverio.

3. Las personas que estaban en la tierra eran extremadamente malas en sus prácticas, y Dios no quería que influenciaran a Israel. También necesitamos mirar de cerca al pueblo a quien Dios estaba enviando a Israel a "destruir por completo". Si bien no podemos estereotipar o juzgar a todos los ciudadanos de la tierra de Canaán (personas contra las que Israel fue enviado a luchar), podemos observar algunas de las prácticas religiosas que sus líderes promovían y permitían en esa cultura.

Los cananeos estaban involucrados en algunas prácticas de adoración malvadas. Tenían varios dioses, entre los cuales estaba uno llamado Moloc. He aquí cómo se ha descrito el culto a este dios: "Moloc era una deidad cananea del inframundo representada como un ídolo erguido con cabeza de toro y cuerpo humano en cuyo vientre se avivaba un fuego y en cuyos brazos se colocaba a un niño para ser quemado hasta morir. No fueron solo los niños no deseados los que fueron sacrificados. Plutarco (un escritor y filósofo griego del primer siglo) informó que durante los sacrificios fenicios (cananeos), toda el área frente a la estatua se llenaba con un fuerte ruido de flautas y tambores para que los gritos y lamentos no llegaran a los oídos de la gente".[a]

La gente de esta tierra tenía la horrible práctica de sacrificar infantes colocándolos en los brazos de metal caliente de una estatua de su dios y ocultando con sus tambores los gritos y llantos de los niños quemados vivos. Es extremadamente difícil para nosotros imaginar el horror bárbaro de esta práctica, pero esto era parte de la vida cananea y reflejaba sus valores.

Otra práctica de adoración a los dioses Baal y Astarté involucraba ritos sexuales, incluida la bestialidad, así como padres que llevaban a sus hijos a los sacerdotes del templo para usarlos en la prostitución. Planteo estos puntos para que podamos comenzar a entender por qué Dios estaba trayendo juicio sobre la gente y el nivel de depravación y violencia en este grupo de personas. Dios también dejó en claro que no estaba usando a los israelitas porque fueran mejores o más morales o justos que los cananeos. "No por tu justicia, ni por la rectitud de tu corazón entras a poseer la tierra de ellos; mas por la impiedad de estas gentes".[3] En otras palabras, este fue un juicio de Dios contra este pueblo, y usó a Israel para darle cumplimiento.

La mayoría de estos grupos de personas estaba involucrada en la adoración de dioses falsos. Según algunos estudiosos, estos dioses no eran solo seres imaginarios. Eran los seres angélicos del consejo celestial de Dios conocidos como "hijos de Dios" que mencionamos anteriormente. Estos seres a menudo desempeñaban un papel en la toma de decisiones de Dios y se usaban para llevar a cabo los planes de Dios. Pero ellos se rebelaron contra Dios y luego fueron asignados por Dios a áreas geográficas.[4]

---

3. Deuteronomio 9:5. RVA
4. Deuteronomio 32:1-43.

Hay un aspecto completamente adicional de la guerra espiritual y sobrenatural que ocurre aquí: preocupaciones que van más allá de la propiedad y la tierra. Dios no quería que su pueblo, los israelitas, fueran influenciados y corrompidos por dioses falsos cuya cultura pudiera persuadir a Israel de participar en sus prácticas malvadas y la adoración de estos dioses falsos. Dios advierte esto en Deuteronomio 20:16–18: "En las ciudades que están dentro de los límites de la tierra que el Señor tu Dios te da, no perdonarás a nadie; destruirás a todo ser viviente. Destruirás completamente a los hititas, a los amorreos, a los cananeos, a los ferezeos, a los heveos, y a los jebuseos. Este es el mandamiento del Señor tu Dios. El propósito de este mandamiento es evitar que el pueblo de la tierra te induzca a adorar sus ídolos y a participar en sus costumbres abominables, haciéndote pecar gravemente contra el Señor tu Dios".

Dios entendía la influencia poderosa y corruptora de la idolatría y el mal. Si no se elimina por completo, finalmente se multiplicaría y extendería, apoderándose de los corazones y las mentes de su pueblo elegido. Estas batallas tuvieron como objetivo la protección de Israel de la influencia corrupta, para que un día pudiera cumplir sus planes de salvar al mundo entero. Dios tenía planes para que Israel fuera su testigo para el mundo, y para que Jesús naciera a través de ellos. En otras palabras, el futuro de la raza humana estaba en juego. Cualquier esperanza de que las personas fueran libres de su adicción al mal y su tendencia a rechazar la guía de Dios radicaba en preservar a Israel para los planes futuros de Dios.

4. Dios advirtió al pueblo durante cientos de años. Era paciente, esperando generaciones a que cambiaran. Antes de estas batallas, Dios dio una advertencia al pueblo, pidiéndole que cambiara de opinión y se volviera a él. La decisión de juzgar y castigar a estas personas no fue una decisión espontánea e irracional de Dios. Dios le dice a Abraham que sus descendientes serán esclavos en un país extranjero durante cuatrocientos años, que es exactamente lo que sucedió.

Lo que es fascinante es la razón dada para este retraso. Es por "… la maldad de los amorreos que viven aquí, que tendré que castigarlos".[5] ¿Qué significa esto? Que Dios estaba esperando pacientemente que los amorreos (y el resto de la gente de la tierra de Canaán) se apartaran de sus malas prácticas. Dios dejó que las personas siguieran su propio camino, eligiendo la vida que querían para sí mismos.

Hay una historia sobre una prostituta llamada Rajab que vivía en la ciudad de Jericó.[b] Se hizo amiga de algunos israelitas y les hizo saber que había oído hablar del Dios de ellos. Ella había oído lo que Dios había hecho en Egipto, y cómo estaba con ellos como pueblo. Había oído por qué se estaban mudando a la tierra. Y tomó la decisión de alinearse con ellos. Debido a que cambió de opinión y de corazón, se salvó cuando Jericó fue atacada. Y no solo esto, sino que tuvo el honor de ser parte del linaje de Jesús. Uno de sus descendientes fue Jesús, el prometido salvador del mundo. Esto demuestra que el conocimiento de Dios y lo que estaba haciendo con Israel era conocido por otras personas. Tuvieron la oportunidad de responder a la advertencia de Dios y de ser perdonados y salvados al volverse a él.

En otro lugar de la Biblia Dios dice: "¿Creen acaso que me agrada ver a los malos morir?, pregunta el SEÑOR. ¡Por supuesto que no! Yo solamente quiero que se arrepientan de sus conductas perversas y puedan seguir viviendo".[6] Otra sección del Antiguo Testamento muestra a Dios hablando a su propio pueblo Israel antes de que sean juzgados por su rebelión, y vemos el corazón de Dios rogándoles que cambien diciendo: "¡Se los aseguro, dice el SEÑOR Dios, que no me complazco para nada en la muerte del impío, sino que deseo que el impío se

---

5. Génesis 15:16.

6. Ezequiel 18:23.

arrepienta de sus maldades y viva! ¡Dejen de cometer maldades!, pues ¿por qué habrían de morir, oh israelitas?", luego declara: "Ninguna de sus maldades pasadas se recordarán contra esta persona, pues se ha vuelto hacia el bien y seguramente vivirá largamente".[7]

Dios advierte antes del juicio, es lento para la ira, perdona y quiere que la gente cambie y no siga sus propios malos caminos. Él les da oportunidades y promete que no importa quién seas, puedes ser perdonado y redimido. Como dice el Nuevo Testamento, "El Señor no demora el cumplimiento de su promesa, como algunos suponen. Más bien lo que quiere es que nadie se pierda, por lo que está alargando el plazo para que todos se arrepientan".[8]

5. Esto no fue un asesinato en masa; fue un ataque estratégico limitado, con mucha retórica de guerra. Recuerda que estos tiempos fueron muy violentos. Este era un mundo muy sangriento y violento, algo que a muchos de nosotros nos cuesta imaginar hoy. La guerra era normal, en formas que no podemos imaginar.

Lo que también era común en ese tiempo era la retórica de la guerra. Frases como "destruir por completo" en realidad no significan destruir por completo como lo pensamos hoy. El objetivo de tales batallas era que las ciudades fueran vaciadas, no destruidas. Ves a Dios diciendo: "Los voy a expulsar", porque esta va a ser la tierra donde Dios habitará. Su tabernáculo estaba allí y el templo sería finalmente construido en la tierra, en Jerusalén. Dios estaba convirtiendo esta tierra en una "tierra santa". Dios necesitaba que se eliminara la identidad de los dioses falsos.

Dios no quería que las prácticas de los cananeos influyeran negativamente en los israelitas.

---

7. Ezequiel 33:11-16.

8. 2 Pedro 3:9.

Más tarde, cuando Israel ignoró la guía de Dios, esto fue exactamente lo que sucedió. Frases como "destruir por completo", "expulsarlos" y otros términos que encontramos en la Biblia eran retórica de guerra común en ese momento.[c] Eran hipérboles, no una eliminación literal de todos los individuos de cualquier edad. El objetivo de estas batallas era eliminar la adoración de falsas deidades que apartarían a Israel del verdadero Dios y sacar a los otros grupos de personas de la tierra, no necesariamente matarlos a todos. El objetivo de Dios era restaurar a Israel en la tierra y ocupar su lugar dentro de ella, y no simplemente matar gente.

Hoy no estamos acostumbrados a esa retórica, pero en ocasiones la usamos en el marco de rivalidades y competencias deportivas. Cuando un equipo pierde, decimos que "los masacraron". En aquel entonces, el lenguaje de conquista usaba con frecuencia esa retórica hiperbólica. Y aunque murió gente, esto no fue una eliminación genocida de grupos de personas como podríamos pensar hoy.

Hay un gráfico útil basado en el libro *¿Dios realmente ordenó el genocidio? Llegando a un acuerdo con la justicia de Dios,* de Paul Copan y Matthew Flannagan.[d] Muestra claramente casos en los que no hay una eliminación total de personas, aunque se use ese lenguaje. A la izquierda ves el mandato, y a la derecha ves que no todas las personas murieron.

Tabla 18.1	
"Exterminación"	"No exterminación"
Josué 10:20a: "Josué y los hombres de Israel siguieron la matanza y exterminaron a los cinco ejércitos,…"	Josué 10:20b "… salvo un pequeño grupo que logró llegar a sus ciudades fortificadas".
Jueces 1:8: "Judá había conquistado Jerusalén y había dado muerte a todos sus habitantes, prendiendo fuego a la ciudad".	Jueces 1:21: "La tribu de Benjamín no expulsó a los jebuseos que vivían en Jerusalén, de modo que allí viven todavía, mezclados con los israelitas".

Josué 11:23: "Josué, pues, tomó posesión de toda la tierra como Dios le había ordenado a Moisés. Se la entregó al pueblo de Israel como herencia, y la dividió entre las tribus. Finalmente la tierra reposó de todas las guerras".	Jueces 2:21, 23: "ya no apartaré de delante de ellos a las naciones que Josué dejó sin conquistar cuando murió". (…) "El Señor, pues, dejó a aquellas naciones en la tierra y no las expulsó ni permitió que Israel las destruyera".

ES POSIBLE QUE NUNCA TENGAMOS UNA RESPUESTA COMPLETAMENTE SATISFACTORIA PARA TODO, PERO ALGUNAS PREGUNTAS DEBERÍAN IMPULSARNOS A LEER Y COMPRENDER LA HISTORIA COMPLETA DE LA BIBLIA.

¿Fue esto un genocidio? No. ¿Fue una masacre sin sentido? No. Fue una serie de ataques estratégicos de Dios para que el pueblo que había rechazado su dirección y sus propósitos se apartara de interrumpir su plan para salvar al mundo. Dios se estaba preparando para morar en la tierra, para que los israelitas lo hospedaran en su templo y, finalmente, para que Jesús viniera y trajera la salvación a todas las personas.

6. Pero ¿qué pasa con los bebés y los niños y las muertes? No hay una respuesta totalmente satisfactoria para esta pregunta. He leído decenas de explicaciones de cómo procesar el hecho de que mujeres y niños fueran asesinados en estas batallas, y ninguno de ellos elimina la sensación de tristeza y dolor que siento al pensar en ello. Incluso si los padres fueran absolutamente malévolos y practicaran todo tipo de actos de adoración detestables, ¿qué hay de sus hijos? ¿Merecían la muerte?

No hay una explicación escrita y clara de por qué sucedió esto en la Biblia. Algunos académicos señalan que algunas de las mujeres y los niños no se vieron tan afectados por estas batallas, las cuáles pasaban entre ejércitos de hombres. Pero hubo bajas, y es difícil saber por qué

Dios permitió que sucedieran. Como mencioné antes, las malas prácticas de estas culturas estaban profundamente arraigadas. Algunos han sugerido que esas batallas eran similares a una cirugía espiritual, un mal necesario para extirpar el patrón de rechazar a Dios y su guía. Cuando se elimina un cáncer, se debe eliminar todo y no se debe dejar nada atrás. No sabemos si los niños habrían crecido para repetir los patrones de sus padres, uniéndose a la adoración falsa de otros dioses en esa cultura malvada.

Sabemos que Dios es justo y trata a cada persona de acuerdo con cómo ha respondido a lo que sabe de él. Cuando un niño muere, la muerte no es el final. Algunos de estos niños están con Dios, ya que sabemos que Jesús cubre los pecados de todas las personas, desde la época del Antiguo Testamento hasta nosotros.

Dios no está interesado en la muerte eterna de las personas, solo desea que vivan con libertad, felicidad, dignidad y respeto. En la Biblia se revela el Señor de las oportunidades, pues está comprometido con brindar, a individuos y comunidades, el poder necesario para superar los cautiverios de la existencia, que impiden a las personas llegar a representar adecuadamente la imagen y la voluntad divina. El Dios de las Escrituras desea sacar lo mejor de las personas, para que puedan superar memorias adversas, dinámicas tóxicas y vidas enajenadas.

No hay una respuesta fácil. Cada vez que estudio este tema lo encuentro inquietante y emocionalmente difícil de entender. Cuando tengo un conflicto con la violencia en la Biblia, trato de recordar al Dios de toda la Biblia: el Dios que es paciente, amoroso, compasivo y perdonador. Recuerdo al Dios que me perdonó, que es paciente conmigo, y confío en que hay misterios que no entenderé en esta vida; tengo más que suficiente verdad en las Escrituras para mantener la fe y la confianza en que él es abundante en amor, lento para la ira, misericordioso y perdonador. Entonces, conocer toda la historia bíblica y las acciones de amor que dominan toda la Biblia pone las partes violentas en perspectiva. Puede que no entienda por qué ocurrió la violencia, pero confío en que Dios sí lo entiende. Y no es en absoluto una confianza ciega; es una confianza profunda, construida a partir de mucho cuestionamiento y observación sobre quién es Dios a lo largo de las Escrituras, de toda la Biblia.

¿LANZAR BEBÉS CONTRA LAS ROCAS?

Antes de terminar esta sección, quiero ver un texto de terror que se menciona con frecuencia en las discusiones en línea. Se encuentra en el Salmo 137:9, "¡Dichoso el que tome a tus niños y los estrelle contra las rocas!" Al principio, parece ser una declaración horrible de parte de Dios. Pero si miramos un poco más de cerca, descubrimos que no es así. Este versículo es de los Salmos, y es importante que sepamos que los Salmos pertenecen al género de las canciones y la poesía. En el momento en que se escribió este salmo, el pueblo de Israel vivía cautivo en Babilonia. Cuando los babilonios finalmente entraron en la ciudad de Jerusalén, mataron a mucha gente con espadas, lanzas o flechas, y ocurrieron muchas muertes espantosas. En la batalla, era común que los babilonios arrojaran a los infantes para matarlos.

Esto es horrible y perverso, pero es lo que pasaba en las batallas en ese entonces. Los padres, amigos y familiares que habían sobrevivido a esta horrible invasión ahora estaban prisioneros en Babilonia. Sabían que Dios les había prometido que algún día regresarían a Jerusalén, pero por ahora estaban en medio de una situación desesperada llena de llanto, aflicción y una profunda tristeza. El autor de este salmo escribió un poema y un cántico expresando su angustia y dolor. Y en esta línea específica, optó por resaltar el horror de lo sucedido en Jerusalén al recordar a los niños que fueron asesinados. Esto no era un mandato de Dios para matar. Era una expresión poética del horror, el dolor y el anhelo de justicia que ansiaba el pueblo después de tan grande sufrimiento. Los salmos son expresiones profundas de las emociones humanas, y este poema daba voz al dolor que sentía el pueblo, clamando por justicia y venganza por lo que habían hecho los babilonios.

Hoy tenemos en Jesús una forma de vivir y pensar diferente. En Romanos se nos dice: "Nunca le paguen a nadie mal con mal. Al contrario, busquen hacerles el bien a todos. Procuren, en lo que les sea posible, estar en paz con todo el mundo".[9] ¿Cómo es esto posible? Es porque hemos aprendido a confiar en Dios, y sabiendo que él es un juez justo, podemos dejar en sus manos nuestro anhelo de venganza y justicia.

Este es un grito profundo y angustiado de una persona quebrantada, de luto y con dolor, expresado en forma de canción poética. El autor está expresando dolor y pidiendo que Dios dicte juicio. Este es otro ejemplo de un versículo de la Biblia que exige una mirada más profunda para aclarar lo que la Biblia realmente dice.

LA RAZÓN POR LA QUE CONFIAMOS EN EL DIOS DE COMPASIÓN Y AMOR

La violencia está en la Biblia. Observamos el uso común de la retórica de la guerra, y también cuántas de las muertes involucraron a líderes militares y religiosos, pero aun así, ocurrieron muertes de ciudadanos comunes. Es posible que nunca tengamos una respuesta completamente satisfactoria para todo, pero preguntas como estas deberían impulsarnos a leer y comprender la historia completa de la Biblia para ver cómo Dios obró a lo largo de la historia. Esta nos dice que él es un

9. Romanos 12:17-18.

Dios de extrema paciencia, amor abrumador e inmensa compasión, aunque también lo vemos actuar a veces con violencia para asegurar que sus propósitos de vivir con su pueblo y salvar al mundo finalmente se cumplan. Sin conocer la historia completa, versículos como los que hemos visto son difíciles de entender. Y es por eso por lo que no podemos sacarlos del contexto de la historia mayor.

Cada vez que experimentamos la muerte, ya sea por una tragedia o por medios naturales, sabemos que es algo muy doloroso y difícil. Pero tenemos la promesa de Jesús de que él siempre está con nosotros, y podemos ser consolados en nuestros momentos de dolor. Esto no es un cliché; es una verdad que ha traído esperanza y consuelo a millones de personas durante miles de años. Cuando mi propio padre murió inesperadamente, fue muy difícil para mí. Fue un accidente y murió mucho más joven de lo que debería. Durante ese tiempo tuve que aferrarme a Jesús y recordar que Dios es un Dios de compasión y amor. También me aferro a la promesa de que un día, la muerte, la violencia, las guerras y el mal de cualquier tipo ya no existirán: "Oí entonces que una potente voz gritaba desde el trono: 'La casa de Dios está ahora entre los seres humanos, y él vivirá con ellos. Ellos serán su pueblo y Dios mismo estará con ellos, y será su Dios. Él les enjugará las lágrimas y no habrá muerte ni llanto ni clamor ni dolor, porque estos pertenecen a un pasado que no existe más'".[10]

Hasta ese día, Jesús quiere que le hablemos a tantas personas como sea posible sobre el Dios que se preocupa y es amoroso, lento para la ira y misericordioso. Quiero que la gente conozca verdaderamente a este Dios y experimente su consuelo y amor. Y quiero que la gente sepa que la Biblia no es un libro loco, sino una fuente para conocer y comprender a un Dios asombroso que se preocupa profundamente por nosotros. Mientras escribía este libro, oré por cualquiera que lo leyera y que pudiera estar teniendo dificultades con los temas que

---

10. Apocalipsis 21:3-4.

hemos cubierto. Tenemos la promesa de que llegará un día en que no necesitaremos un capítulo como este para ayudarnos a comprender pasajes difíciles sobre la violencia y la muerte, porque estaremos en la presencia de Dios para siempre. No más violencia, dolor, lágrimas, tristeza y sufrimiento. Espero con ansias ese día.

SI AÚN NO CONOCES EL AMOR Y LA COMPASIÓN DE DIOS

Anteriormente en esta sección mencioné la historia de Rajab, una prostituta que creía y confiaba en el Dios de los israelitas como el único Dios verdadero. Dios aceptó su fe y ella escapó de la destrucción de Jericó. Ella confió en Dios y él le respondió. Varios siglos después, leemos en el Nuevo Testamento que Jesús nació como descendiente de Rajab. Vemos que Dios responde con el perdón a quienes lo piden, y los trae a sus planes y propósitos para redimir al mundo de la maldad humana.

Cuanto más leo y entiendo la historia bíblica, más me encuentro confiando y creciendo en mi amor por el Dios que verdaderamente nos ama. Él nos ama más allá de nuestro entendimiento, y deseo que todos puedan sentir cuánto Dios realmente los ama.

La historia bíblica tiene un final. Termina con el regreso de Jesús y un tiempo de juicio. Habrá una nueva creación, un cielo y una tierra nuevos donde Dios morará y vivirá con aquellos que han creído en las buenas nuevas del perdón a través de Jesús. Esta es una invitación para todos, y espero que cualquiera que no haya puesto su confianza en Jesús considere esta invitación. Es maravilloso experimentar el amor y la gracia de Dios, y estoy muy agradecido de que sea paciente, compasivo y amoroso con nosotros. Mi vida ha cambiado y está cambiando al conocer a este Dios, y sé que la tuya también puede cambiar.

PARTE 6 – RESUMEN

NO APTO PARA MENORES

> ➤ Mucha de la violencia en la Biblia no es aprobada ni producida por Dios. Los seres humanos por sí solos cometieron gran parte de la violencia registrada en las Escrituras y la Biblia registra lo que sucedió.

> ➤ La intención de Dios con la conquista de los cananeos no era destruir al azar sino despejar el espacio para su presencia mientras el pueblo de Israel regresaba.

> ➤ Cuando Dios ordenó la violencia y la muerte, siempre fue con muchas advertencias para darle a la gente la oportunidad de arrepentirse y volverse a él. Nunca fue un genocidio o limpieza étnica.

> ➤ Se usó mucha de la retórica de guerra antigua en los informes de las batallas del Antiguo Testamento, que en realidad no eran masacres desquiciadas de las masas sino ataques militares estratégicos dirigidos principalmente a los militares y los líderes.

> ➤ La violencia es muy difícil de entender. Pero tenemos que confiar en Dios y en lo que sabemos de él, que es abundantemente amoroso, inmensamente bondadoso, infinitamente compasivo y sumamente perdonador. Si se usó la violencia, solo Dios sabe por qué, aunque nosotros no podamos comprender la razón.

En efecto, el Dios que se revela en la Biblia está muy interesado en contribuir al crecimiento moral y ético de las personas. El objetivo es incentivar la madurez emocional y espiritual en individuos y familias, para estimular la salud integral. Y ese tipo de salud especial promueve el superar las inmadureces, para llegar a ser adultos espirituales y descubrir, disfrutar y compartir la voluntad de Dios, que es agradable y perfecta.

EPÍLOGO

JESÚS AMÓ SU BIBLIA LOCA (Y POR QUÉ CONFIAR EN ELLA NO ES TAN LOCO)

Ahora que has terminado este libro, espero que hayas encontrado algunas cosas con las que estuviste de acuerdo, y estoy seguro de que hubo cosas con las que no lo estuviste. No importa lo que pienses acerca de los pasajes locos de la Biblia; debes saber que Jesús amaba la Biblia. Jesús tenía el Antiguo Testamento, conocía las historias de la creación sobre la serpiente parlante, Noé y el diluvio. Él conocía los versículos de Levítico que suenan extraños acerca de no comer camarones, y aquellos que supuestamente promueven la esclavitud y que suenan anti mujeres.

Conocía los versículos que contenían toda la violencia, las guerras y matanzas sangrientas. Sabía todo esto y aun así amaba su Biblia.

> Jesús citó la Biblia cuando fue tentado (Mateo 4:4–10).

> Jesús leyó la Biblia cuando comenzó su ministerio público (Lucas 4:14–21).

> Jesús usó la Biblia en sus argumentos para defender quién era él (Mateo 22:43–44, Marcos 12:36; 14:27; Lucas 20:17; 22:37).

> Jesús citó con frecuencia las Escrituras durante su enseñanza (Mateo 19:4–6; 22:37–39).

> Jesús citó la Biblia cuando estaba muriendo en la cruz (Marcos 15:34, donde se refiere al Salmo 22).

> Jesús enseñó la Biblia después de que resucitó (Lucas 24:25–27).

Jesús tenía una relación profunda con la Biblia. Lo vemos diciendo esto en Juan 5:39: "Ustedes estudian con cuidado las Escrituras porque piensan que en ellas hallan la vida eterna. Y son ellas las que hablan de mí".

CUANTO MÁS APRENDEMOS DE LA BIBLIA, MÁS APRENDEMOS ACERCA DE JESÚS

Este libro fue solo un vistazo a algunas de las preguntas difíciles que la gente tiene sobre la Biblia. No responderá a todas tus preguntas sobre la Biblia. Pero espero que te acerque un paso más a comprender que cuando lees un versículo bíblico extraño, por lo general hay una muy razonable manera de entenderlo. Espero que este libro haya aumentado tu confianza en la Biblia, y que hayas comenzado a ver cómo hay una historia más grande en ella que nos señala a Jesús y lo que él vino a hacer. Desde Génesis hasta Apocalipsis, la Biblia nos apunta a la vida, muerte y resurrección de Jesús como la forma en que Dios restaura lo que se perdió cuando los seres humanos rechazaron su guía. Es la historia de Dios salvándonos.

La Biblia nos habla de cuando Jesús vino, murió y resucitó, y de la esperanza y la transformación de la vida que ocurre cuando ponemos nuestra fe en Jesús y creemos y confiamos en él. Es por eso por lo que personalmente me aferro a mi Biblia y quiero leerla tanto como me sea posible. No solo para obtener información, sino para la transformación de mi mente y corazón, y para conocer a Jesús y seguirlo. Sé que hay algunos cristianos que conocen bien la Biblia, pero a menudo se muestran mezquinos e incluso arrogantes. Si realmente leemos y estudiamos la Biblia, el Espíritu de Dios la usará para derretir nuestros corazones y convertirnos en personas amorosas y más parecidas a Jesús.

La Biblia es una biblioteca, y en este libro hemos repasado muchos métodos para estudiarla y mostramos la importancia de entrar en el mundo de la audiencia original de los distintos libros que la componen. Analizamos sus géneros literarios y mostramos por qué es importante ir más allá de una lectura superficial. Vale la pena el esfuerzo de estudiarla y aprender. Así conoceremos mejor a Dios cuando la estudiemos y leamos.

ORO PARA QUE AQUELLOS QUE SON CRISTIANOS SE CONVIERTAN EN PENSADORES MÁS PROFUNDOS

Algunos nos critican y dicen que la mayoría de los cristianos no conocen sus Biblias, y que aceptan ciegamente lo que se les ha enseñado sin siquiera estudiarlo ellos mismos. Sé que hay muchos cristianos fieles que se vierten diariamente en las Escrituras. Pero la verdad es que la mayoría de nosotros que afirmamos seguir a Jesús pasamos más tiempo en las redes sociales que leyendo las Escrituras. Hay tantas distracciones hoy en día, y es fácil dejar la Biblia a un lado y no leerla. Hacerlo requiere esfuerzo, pero hay muchos beneficios en leer cómo Dios quiere que vivamos. La Biblia habla de los altibajos de la vida, de las alegrías y las tristezas. Un predicador llamado Charles Spurgeon dijo: "Una Biblia que se está cayendo a pedazos por lo general pertenece a alguien que no lo está".

Los cristianos deberían estudiar la Biblia regularmente. Con tantas discusiones y opiniones sobre Dios, la teología y Jesús, tenemos que estar preparados. Si no conocemos la totalidad de las Escrituras y la verdad que contienen, podemos caer fácilmente en falsas enseñanzas y pensamientos acerca de Dios, la salvación, la moral y la ética. He visto personas que comienzan a creer en Jesús y hablan de "mi Jesús", pero este no es el Jesús de la Biblia. He escuchado términos cristianos usados como "evangelio" o "salvación" y que en realidad no son definiciones verdaderas de los términos de la Biblia. Cualquiera puede tomar uno o dos versículos y formar una creencia sobre algo, pero esa no es la forma de leer la Biblia.

Entre más información y opiniones haya sobre Dios, más profundamente necesitamos crecer en nuestra comprensión de lo que está en las Escrituras. A menos que estemos usando buenas habilidades de estudio bíblico, fácilmente podríamos caer en algo incorrecto.

Si eres cristiano, es probable que encuentres críticas a la Biblia. Durante demasiado tiempo nos hemos centrado tanto en las partes agradables y positivas de la Biblia que cuando alguien nos señala las partes no tan agradables, puede tomarnos por sorpresa. Espero que este libro te haya convencido de que la solución a esta crítica es estudiar la Biblia y sus pasajes difíciles, para así comprender mejor lo que Dios le estaba diciendo a la gente en el momento en que fueron escritos. Si estudiamos esos pasajes difíciles, estaremos mejor preparados para representar a Jesús con precisión. Necesitamos poder ayudar a otros cuando tengan preguntas sobre la Biblia.

QUE AQUELLOS QUE DUDAN O NO SON CRISTIANOS GANEN ALGO DE CONFIANZA

Si estás leyendo esto y tienes dudas acerca de tu fe, espero que este libro te haya dado algo de confianza y saber que hay maneras de responder a las partes difíciles de la Biblia. Entiendo perfectamente por qué puedes tener dudas, y espero que este libro te lleve a reconsiderar la Biblia y sus enseñanzas como un libro confiable e inspirado por Dios, una fuente de aprendizaje para la vida. Incluso si no estás convencido de las razones que he presentado, espero que te animes a continuar tu viaje aprendiendo más.

Oro que amemos y nos aferremos a la Biblia inspirada por el Espíritu que Jesús tanto amó, que cuenta su historia y la manera en que podemos conocerlo, que nos muestra sus enseñanzas y nos muestra cómo crecer, ser cambiados y volvernos más como él hasta el día en que finalmente estemos con él.

El mensaje de la Biblia no promueve las discusiones estériles ni incentiva las confrontaciones improductivas. Los diálogos respetuosos y cordiales son mucho más efectivos y productivos. La finalidad de las Sagradas Escrituras es descubrir el propósito de Dios para la vida, y una vez que se descubre ese designio divino para la humanidad, el Señor de Abraham, Isaac y Jacob, que es el Dios y Padre de nuestro Señor Jesucristo, ayuda a las personas a superar las dudas, vencer las crisis, triunfar ante las adversidades, y entender que los triunfos en la vida se lo debemos a Dios. El mensaje de la Biblia, que proviene de la inspiración del Espíritu Santo, desea a última instancia que las personas sean transformadas, liberadas, redimidas, sanadas y salvadas.

NOTAS

Preludio

a. Escribí más acerca de mis comienzos en el cristianismo en *Adventures in churchland: Finding Jesus in the mess of organized religion* (Grand Rapids: Zondervan, 2012).

Capítulo 2: La Biblia no fue escrita a nosotros

a. Del artículo *"Understanding Genesis"* (Entendiendo Génesis) https://bit.ly/ComoNoLeer-0.

b. Originalmente, la Biblia Hebrea contenía veinticuatro libros divididos en tres partes: los cinco libros de la Torá ("enseñanza"), Nevi'im ("profetas") y Ketuvim ("escritos"). Algunos de los libros más grandes se dividieron y acomodaron de la manera en que los vemos en la mayoría de las Biblias cristianas de sesenta y seis libros. El punto es que la Biblia no es un libro sencillo, sino una biblioteca de sesenta y seis libros en un solo volumen.

c. Hay increíbles datos sobre cómo la Biblia fue originalmente inspirada, cómo fue compilada y copiada a través de los siglos, y por qué podemos tener tanta confianza en que lo que tenemos ahora es muy cercano a lo que originalmente se escribió.

d. Del artículo *"Understanding Genesis"* (Entendiendo Génesis) https://bit.ly/ComoNoLeer-0

Capítulo 3: Nunca leas un versículo bíblico

a. Ver https://bit.ly/ComoNoLeer-1.

b. La metáfora de N. T. Wright de la Biblia como una obra de cinco actos está en sus libros *The last word* y *Scripture and the authority of God*. Craig G. Bartholomew y Michael W. Goheen separan la historia de la Biblia en una obra de seis actos en *The drama of Scripture: Finding our place in the biblical story* (esta es la estructura que usaré). Las notas de estudio de *The Bible Project* (tituladas "*La historia de la Biblia*") de *How to read the Bible*, episodio 2, "*Biblical story*". www.thebibleproject.org también usa la estructura de seis actos y agrega tres movimientos, los cuales también usaré aquí.

c. Job 38:4–7; Salmos 82:1–5; ver *The unseen realm: Recovering the supernatural worldview of the Bible* (Bellingham, WA: Lexham, 2015) de Michael Heiser para más información en esta increíble parte de la historia.

d. Gracias a John Walton por su perspectiva en la importancia de reconocer esta pérdida.

e. El académico bíblico Michael Heiser es conocido por enfatizar que aunque se piensa comúnmente que solo hubo una rebelión principal (la caída), vemos tres rebeliones que definen la historia el Antiguo Testamento y la cosmovisión israelita:

Rebelión 1: Los hijos de Dios, Adán y Eva, rebelándose en el jardín, junto con la rebelión divina de Satanás, como se presenta en Génesis 3.

Rebelión 2: Los hijos sobrenaturales de Dios, los "hijos de Dios", queriendo imitar a Dios al producir sus propios hijos humanos a su propia imagen, como se presenta en Génesis 6:1-4, y esto llevó a la rebelión humana completa contra Dios, teniendo corazones inclinados hacia el mal. Esto llevó al diluvio, como se presenta en Génesis 6:5-17.

Rebelión 3: Los humanos construyen una torre —la torre de Babel— para su propia gloria, y Dios los juzgó, desheredó y comenzó un nuevo enfoque para su familia humana —Abraham y el nacimiento del pueblo de Israel, como se presenta en Génesis 11–12.

f. *The Bible Proyect*, www.thebibleproject.org

Capítulo 4: Cosas extrañas y más extrañas en el Antiguo Testamento

a. Escena del programa de televisión *The West Wing*, temporada 2, episodio 3, "The Midterms."

b. Cuando el programa de televisión citó los versículos bíblicos, agregaron referencias a sentencias de muerte para aquellos que rompían mandamientos específicos. Pero las referencias a apedrear y quemar por haber plantado semillas distintas lado a lado y por usar ropa hecha con distintos tipos de tela mezcladas no están en la Biblia. El escritor del guion quería agregar más dramatismo. Por eso siempre es importante investigar cuando alguien cita la Biblia.

Capítulo 5: El arte de (no) escoger (solo algunos) versículos bíblicos

a. Paul Copan, *Is God a moral monster? Making sense of the Old Testament God* (Grand Rapids: Baker, 2011), p. 77.

b. Geoffrey Wigoder, Shalom M. Paul, and Benedict T. Viviano, eds., *Almanac of the Bible* (Upper Saddle River, NJ: Prentice-Hall, 1991).

Capítulo 6: Entendiendo lo del camarón, la piel de cerdo muerto y la esclavitud

a. Tim Keller, *"Old Testament law and the charge of inconsistency"*, https://bit.ly/ComoNoLeer-2.

b. Sé saludable, el tocino y ciertas carnes tienen mucha grasa, pero no hay un mandamiento en estos versículos que digan que no puedas comerlos hoy.

Capítulo 7: La Biblia para el club de hombres

a. Escribí más acerca de esta experiencia en *Adventures in churchland: Finding Jesus in the mess of organized religion* (Grand Rapids: Zondervan, 2012).

b. No sabía qué era un anciano; luego supe que en una iglesia son aquellos que ayudan a cuidarla, guiarla y protegerla espiritualmente. Una descripción en la Biblia está en Tito 1 y 1 Timoteo 3.

Capítulo 8: No puedes mantener a una buena mujer abajo

a. Veremos más acerca de cómo interpretar los primeros capítulos de Génesis en la parte 4: ¿Tenemos que escoger entre la ciencia y la Biblia?"

b. Scot McKnight, *The blue parakeet: Rethinking how you read the Bible*, 2da. Edición (Grand Rapids: Zondervan, 2018), p. 225.

c. Menahot 43b.

d. Abraham Cohen, *Every man's Talmud* (New York: Schocken, 1949), 160–61. Rich Nathan, *Who is my enemy?* (Grand Rapids: Zondervan, 2002).

e. Alvin Schmidt, *How Christianity changed the world*. Originalmente publicado bajo el título *Under the influence: How Christianity transformed Civilization* (Grand Rapids: Zondervan, 2001), pp. 98–99.

f. Ibid., p. 101.

g. Herbert Danby, trad., *The Mishnah* (London: Oxford University Press, 1933), 'Abot 1:5.

h. Keener, *IVP Bible Background Commentary*, comentario de Lucas 8:1–3.

i. Dependiendo de la iglesia o denominación de la que seas parte o conozcas, hay diferentes maneras en que las iglesias estructuran su liderazgo. Tengo amigos pastores que toman la Biblia muy en serio y difieren en cómo implementar los roles de hombres y mujeres en el liderazgo de la iglesia. Estos versículos necesitan más explicación, que veremos en el siguiente capítulo.

Capítulo 9: Entendiendo la desigualdad en la Biblia

a. Ver la parte 1, capítulo 3.

b. E. Randolph Richards and Brandon J. O'Brien, *Paul behaving badly: Was the apostle Paul a racist, chauvinist jerk?* (Downers Grove, IL: InterVarsity, 2016), p. 113.

c. Ibid.

d. Rodney Stark, *The Rise of Christianity* (San Francisco: Harper Collins, 1997), p. 109.

Capítulo 10: Jesús montado sobre un dinosaurio

a. Adán vivió 930 años (Génesis 5:5). Enoc vivió 905 años (Génesis 5:11). Cainán vivió 910 años (Génesis 5:14). Matusalén vivió 969 años (Génesis 5:27).

Capítulo 11: En el principio entendimos mal

a. Johnny Miller y John Sodem, *In the beginning we misunderstood: Interpreting Genesis 1 in its original context* (Grand Rapids: Kregel, 2012), p. 35.

b. La teoría de que la Tierra tiene seis mil años de edad está basada en tomar los primeros cinco días de la creación (de la creación de la tierra a Adán), seguir las genealogías de Adán a Abraham en Génesis 5 y 11, y luego sumar el tiempo de Abraham hasta hoy. Se usan también Mateo 1:1–16 y 1 Crónicas 1–3.

c. Miller y Sodem, *In the beginning we misunderstood*, p. 21.

d. Bill T. Arnold y Bryan E. Beyer, *Encountering the Old Testament* (Grand Rapids: Baker Academic), pp. 43–49. Jesús se refiere a Moisés como el autor del Pentateuco (Mateo 19:7; Marcos 7:10, 12:26; Juan 1:17, 5:46, 7:23).

e. Hay académicos como John Walton, en *The lost world of Genesis one*; Michael Heiser, en https://drmsh.com/cool-motion-animation-video-of-ancient-israelite-cosmology y Tim Mackie, en *The Bible Project,* https://bibleproject.com/blog/genesis-ancient-cosmic-geography, que describen la cosmovisión de los antiguos israelitas.

f. Tim Mackie, "*Interpreting the Bible's creation narrative*", http://www. timmackie.com/science-and-faith

g. Michael Heiser, *I dare you not to bore me with the Bible* (Bellingham, WA: Lexham, 2014), pp. 3–5.

Capítulo 12: Entendiendo el conflicto entre la Biblia y la ciencia

a. Este punto de vista está descrito en el libro de John Sailhaimer, *Genesis unbound: A provocative new look at the creation account* (Portland, OR: Dawson Media, 2011).

b. Este punto de vista fue descrito por John Walton en *Lost world of Genesis one: Ancient cosmology and the origins debate* (Downers Grove, IL: IVP Academic, 2010).

c. Gudea Cylinder B, XVII:18–19.

d. Walton, *Lost world of Genesis one*, pp. 87–92.

e. Francis Collins es un médico genetista estadounidense que descubrió los genes asociados con una serie de enfermedades y dirigió el Proyecto del Genoma Humano. Inició la Fundación BioLogos, que es un gran recurso para ver por qué muchos científicos cristianos creen que Dios usó la evolución para crear el mundo. Puedes encontrarlo en www.biologos.org.

f. Esta es una buena pregunta para hacerse, pero no es algo que prohíba que el punto de vista del creacionismo evolutivo contradiga las Escrituras. Todos estos diferentes puntos de vista plantean preguntas. Esa es en realidad parte de la diversión del estudio de la Biblia, ya que exploramos diferentes puntos de vista y descubrimos que hay validez en algunos que quizás nunca antes hayamos explorado.

g. David Frost, Billy Graham: *Candid conversations with a public man* (Colorado Springs: David C. Cook, 2014), pp. 81–82.

h. Michael Heiser, *The Unseen Realm: Recovering the Supernatural Worldview of the Bible* (Bellingham, WA: Lexham, 2015), pp. 87–91.

i. Por ejemplo, Heiser, *The Unseen Realm*.

Capítulo 14: El amor es el camino, la verdad y la vida

a. Karen Armstrong, *A history of God* (New York: Ballantine, 1993), pp. 3–4.

b. N. T. Wright, *John for everyone: Part 2* (Louisville: Westminster John Knox, 2004), pp. 57–58.

Capítulo 15: Entendiendo al Jesús que suena intolerante

a. "Oprah—*One way only?*" YouTube, https://bit.ly/ComoNoLeer-3.

Capítulo 16: La Biblia no apta para menores

a. Steve Wells, *Drunk with blood: God's killings in the Bible* (Lahore, Pakistán: SAB, 2003).

b. 2 Reyes 6:29; Génesis 19:32–35; Jueces 19:25–29; 1 Samuel 28:3–25; Génesis 22:2; Jueces 11:30–39; Deuteronomio 12:31; Josué 10:26; Marcos 6:24–28; 2 Reyes 10:1–17; Jueces 1:6–7; 2 Reyes 25:7; Ester 7:9–10; 1 Samuel 31:4–5; 1 Reyes 8:63.

c. Cantar de los Cantares 7:8–9, 4:16, 8:10; Ezequiel 23:9–21; 1 Reyes 11:3; Jueces 19:25; 1 Samuel 18:27.

d. Violencia extrema, Jueces 19–21 y 2 Reyes 10; canibalismo, 2 Reyes 6:26–29 y Lamentaciones 4:10; incesto, Génesis 19:32–35; violación, Jueces 19 y 2 Samuel 13:1–14; brujería, 2 Crónicas 33:6 y 1 Samuel 28; sacrificio humano, Génesis 22:2, Jueces 11:30–39, y 2 Reyes 16:3; descripción poética y erótica en Cantar de los Cantares, Ezequiel 23:20.

Capítulo 17: El Dios de la compasión, lento para la ira y perdonador

a. Richard Dawkins, *El Espejismo de Dios* (Boston: Houghton MifflinHarcourt, 2006), p. 51.

Capítulo 18: Entendiendo los textos de terror

a. Clay Jones, *"We don't hate sin so we don't understand what happened to the Canaanites,"* Philosophia Christ 11, no. 1 (2009): 01.

b. La historia de Rajab se cuenta en Josué 2.

c. Paul Copan, *"Yahweh wars and the Canaanites: Divinely mandated genocide or corporate capital punishment?"* (Evangelical Philosophical Society).

d. Paul Copan y Matthew Flannagan, *Did God really command genocide? Coming to terms with the justice of God* (Grand Rapids: Baker, 2014).

ALGUNAS PREGUNTAS QUE DEBES RESPONDER:

¿QUIÉN ESTÁ DETRÁS DE ESTE LIBRO?

Especialidades 625 es un equipo de pastores y siervos de distintos países, distintas denominaciones, distintos tamaños y estilos de iglesia que amamos a Cristo y a las nuevas generaciones.

e625.com

¿DE QUÉ SE TRATA E625.COM?

Nuestra pasión es ayudar a las familias y a las iglesias en Iberoamérica a encontrar buenos materiales y recursos para el discipulado de las nuevas generaciones y por eso nuestra página web sirve a padres, pastores, maestros y líderes en general los 365 días del año a través de **www.e625.com** con recursos gratis.

zona de contenido
PREMIUM

¿QUÉ ES EL SERVICIO PREMIUM?

Además de reflexiones y materiales cortos gratis, tenemos un servicio de lecciones, series, investigaciones, libros online y recursos audiovisuales para facilitar tu tarea. Tu iglesia puede acceder con una suscripción mensual a este servicio por congregación que les permite a todos los líderes de una iglesia local, descargar materiales para compartir en equipo y hacer las copias necesarias que encuentren pertinentes para las distintas actividades de la congregación o sus familias.

¿PUEDO EQUIPARME CON USTEDES?

Sería un privilegio ayudarte y con ese objetivo existen nuestros eventos y nuestras posibilidades de educación formal. Visita **www.e625.com/Eventos** para enterarte de nuestros seminarios y convocatorias e ingresa a **www.institutoE625.com** para conocer los cursos online que ofrece el Instituto E 6.25

¿QUIERES ACTUALIZACIÓN CONTINUA?

Regístrate ya mismo a los updates de **e625.com** según sea tu arena de trabajo: Niños- Preadolescentes- Adolescentes- Jóvenes.

¡APRENDAMOS JUNTOS!

e625.com   f ✗ ⊙ ▶ /**e625**COM

Sigue en todas tus redes a:

SÉ PARTE DE LA MAYOR COMUNIDAD DE EDUCADORES CRISTIANOS